Am größten ist die Liebe

Für jetzt bleiben Glaube, Hoffnung, Liebe, diese drei;
doch am größten unter ihnen ist die Liebe.

(1 Kor 13,13)

Gott ist Liebe.

(1 Joh 4,8)

Die Liebe ist der Inhalt unseres Glaubens und der Grund unserer Hoffnung.

www.tredition.de

© 2020

Verlag und Druck: tredition GmbH, Halenreie 40-44, 22359 Hamburg

ISBN
Paperback: 978-3-347-06488-1

Für meine Mutter und für
Joseph Mwongela,
den neuen Bischof von Kitui, Kenya

Es ist schon etwas seltsam, dass ein zölibatär lebender katholischer Priester über die Liebe schreibt, aber es ist nun einmal so, die Liebe ist das große Thema meines Lebens und meines Glaubens.

Während meiner Studienzeit in Bonn und in Innsbruck hatte ich mir vorgenommen, einmal die ganze Bibel zu lesen – parallel zum Studium. Bei meiner Lektüre kam ich schließlich zum ersten Johannesbrief. Ich weiß noch heute, wie diese Stelle in Geist und Gemüt eindrang und mich aufwühlte: *Gott ist Liebe.* (1 Joh 4,8)

So sehr hat mich dieser Vers gefesselt, dass ich meinte, ich bräuchte jetzt nicht mehr weiter studieren, mir nicht noch mehr Wissen aneignen, denn das allein zu wissen genügt: Gott ist Liebe! Damit ist doch alles gesagt über Gott und die Welt. Je älter ich werde, umso mehr glaube ich das wieder. Was nur noch zu tun bleibt, ist, diese Wahrheit im Leben zu entfalten. Das möchte ich auch in diesem Büchlein tun. Paulus schreibt am Ende seines wunderbaren Hymnus an die Liebe: *Für jetzt bleiben Glaube, Hoffnung, Liebe, diese drei; doch am größten unter ihnen ist die Liebe.* (1 Kor 13,13)

Klar, wenn Gott per Definition der Größte ist, dann ist die Liebe das Größte, denn *Gott ist Liebe*. Das gilt auch umgekehrt, denn *wo die Güte und die Liebe wohnt, da wohnt Gott.*

Ich weiß, das Wort Liebe ist sehr besudelt. Viele, die dieses Wort benutzen, meinen etwas ganz anderes, oft sogar das Gegenteil.

Gilt das nicht genauso für das Wort ‚Gott', wenn etwa in seinem Namen gemordet und Kriege geführt werden?

Die Liebe durchstrahlt den Glauben, Glaube ohne Liebe wäre zumindest kein christlicher Glaube, dessen Inhalt die Liebe ist.

Das Feuer der Liebe entzündet die Hoffnung. Weil Liebe ist, dürfen wir Hoffnung haben. Liebe ist der Grund zur Hoffnung.

Ich habe einen wunderbaren Beruf. Ich darf die Liebe leben – so gut es geht – und immer wieder verkünden – so gut es geht. In vielen Predigten habe ich mich darum bemüht. Ich stelle meine Gedanken, meine Gespräche, meine Geschichten, meine Ansichten, meine Predigten in diesem Band noch einmal vor und singe ein Loblied auf die Liebe, auf Gott, denn das ist dasselbe. Jesus hat keine theologischen Traktate verfasst, er hat vornehmlich Geschichten erzählt, Geschichten, die zum Glauben reizen, zur Hoffnung, zur Liebe. In aller Demut der Nachfolge, so will ich es auch halten. Ich gestehe, ich bin ein ‚zeitgeistiger Mensch'. Die modernen Naturwissenschaften haben mich geprägt, haben meinen Glauben nicht gemindert, sondern gefördert. Ganz im Sinne von Werner Heisenberg: „Der erste Trunk aus dem Becher der Naturwissenschaft macht atheistisch, aber am

Grunde des Bechers wartet Gott." Ein guter Freund hat mir gesteckt, dass das Zitat von Werner Heisenberg doch etwas in die Jahre gekommen ist. Er hat mir ein anderes geschickt, das zu meinem Gedankengang passt: Josef M. Gaßner zitiert Robert Jastrow, den 2008 verstorbenen amerikanischen Kosmologen: „Es scheint, als ob die Naturwissenschaft niemals in der Lage sein wird, den Vorhang vor dem Geheimnis der Schöpfung zu lüften. Für den Wissenschaftler, der im Glauben an die Macht der Vernunft gelebt hat, endet die Geschichte wie ein schlechter Traum. Er hat die Berge der Unwissenheit erklommen; er ist dabei, den höchsten Gipfel zu bezwingen; und als er sich über die letzte Felskante emporzieht, wird er dort von einer Schar Theologen begrüßt, die schon seit Jahrhunderten dort sitzen."

Das ist nett formuliert, aber ich denke, dass so ‚gut angekommen' die Theologen auch nicht sind. Auch für die Theologen gilt das Gebot der Demut. Auch für Theologen gilt: Suchen und Fragen.

Eines ist jedoch sicher: „Wenn wir die Existenz Gottes beweisen könnten, wäre das das Ende der Religion. Der Glaube hätte keine Bedeutung mehr." (Anton Zeilinger)

Ich erinnere mich an ein Gespräch, das ich als junger Diakon mit einem Viertklässler in der Schule hatte. Er sagte: „Ich glaube nicht an Gott, ich glaube, dass sich alles entwickelt hat!" Ich habe ihm darauf geantwortet: „Ich glaube nicht, dass sich alles entwickelt hat, ich weiß, dass sich alles entwickelt hat, aber ich glaube an Gott!"

Wie die Liebe, so hat auch unser Glaube viel mit Vertrauen zu tun. Liebe kann man letztlich nicht beweisen, zur Liebe muss man sich entscheiden.

‚Zeitgeistig' ist aber auch meine Wertschätzung der Würde der Frau, die Einstellung zur Geschlechtergerechtigkeit und zur Demokratie nach 75 Jahren Frieden in unserem Land (Haben das die allerchristlichsten Herrscher früherer Zeiten je geschafft?). ‚Zeitgeistig' meine Einstellung zur Ökumene nach so schrecklichen Erfahrungen in früheren Zeiten, z.B. im Dreißigjährigen Krieg.

Diese so positiven Entwicklungen in unserer Gesellschaft gehören doch auch zur Liebe.

Meine eingestreuten Geschichten und meine Predigtgedanken versuchen ihrerseits eine Antwort zu geben auf die uralten Fragen der Menschheit:

Warum unterzieht sich das Universum der Mühe, zu sein?

Warum der Mühe zum Werden?

Warum fängt alles so klein an und hört so groß auf?

Warm bin ich so klein auf die Welt gekommen; warum nicht fix und fertig?

Warum gibt es das Leben in seiner immensen Vielfalt an Formen und Arten?

Warum gibt es den Tod in der Welt?

Warum muss ich sterben?

Warum bleibt nicht alles beim Alten?

Warum ist Welt so schön und doch so gefährdet?

Warum bindet Gott einerseits das Universum an Gesetze, warum gewährt er doch andererseits Freiheit?

Könnte die Antwort auf diese Fragen sein, damit Liebe möglich ist, damit er, die Liebe, einmal ‚alles in allem' sein wird?

Wir werden in diesem Buch darüber nachdenken.

Wir fragen nicht einfach nach einer Zweckursache für diese Welt. Wir fragen: Was muss das für ein Gott sein, der den Kosmos -Welt und Zeit – so wie er sich uns darstellt, geschaffen hat und immer noch schafft. Können wir von der Natur dieser Welt Rückschlüsse auf den Schöpfer dieser Welt ziehen? Der Philosoph Robert Spaemann sagte einmal: „Das Gerücht, dass es Gott gebe, liegt, wo immer Menschen sind, in der Luft." Diesem Gerücht spüren wir ein wenig nach.

Hier folgen wir Paulus: Wir können Gottes Wirken mittels unserer Vernunft in den Werken der Schöpfung wahrnehmen.

Weil Liebe auch etwas mit Freude und Dankbarkeit zu tun hat, folgen wir auch gerne Lothar Zenetti:

"Einmal wird uns gewiss
die Rechnung präsentiert
für den Sonnenschein
und das Rauschen der Blätter,
die sanften Maiglöckchen

und die dunklen Tannen,
für den Schnee und den Wind,
den Vogelflug und das Gras
und die Schmetterlinge,
für die Luft, die wir geatmet haben,
und den Blick auf die Sterne
und für alle die Tage,
die Abende und die Nächte.
Einmal wird es Zeit,
dass wir aufbrechen und
bezahlen;
bitte die Rechnung.
doch wir haben sie
ohne den Wirt gemacht:
Ich habe euch eingeladen,
sagt der und lacht,
soweit die Erde reicht:
Es war mir ein Vergnügen!"

Günther Stein, in der Fastenzeit 2020

DER GLAUBE

In einem Schöpfungsmythos der Maori auf Neusee-
land wird erzählt: "Der Schöpfergott Io, der große
Gott, der Bleibende, Allvater, Quell aller Weisheit,
Ursprung aller Dinge, der Unwandelbare, der Gipfel der Himmel, der allein Befehlende, der mit dem
verborgenen Gesicht, der Elternlose, der Lebens-
spender, der besteht seit Unendlichkeit in der Ur-
finsternis, spricht aber: ‚Finsternis, werde eine
lichtenthaltende Finsternis.' Und sofort trat Licht
hervor." Das erste Wort, das Gott in der Bibel
spricht, lautet ähnlich: *Es werde Licht.* (Gen 1,3)

Die Welt in guten Händen – Gott schafft - das Wort „bara"

Bara heißt im Hebräischen „schaffen, erschaffen".
Es steht in der hebräischen Bibel nur – und nur –
da, wo Gott selbst etwas schafft. Gottes Schaffen ist
einmalig, mit dem Schaffen eines Handwerkers, eines Ingenieurs, eines Künstlers nicht vergleichbar.
Nur ihm gilt dieses „bara". Unvorstellbar! Wie kann
man sich auch vorstellen, dass Gott eine Welt
schafft, die sich selbst erschafft, dass er etwas geschaffen hat, dass nicht nur einfach so da ist, sondern das werden kann? Gottes Schaffen ruft nicht
nur ins Sein, er ruft ins Werden. Wie hätten sich
auch die ersten lebendige Zellen im Urmeer vorstellen können, dass es einmal Mehrzeller geben
werde, Tiere und Pflanzen, im Wasser, in der Luft,

auf der Erde, dass es einmal Menschen geben werde. Das ist so wunderbar, so einmalig, dass die Bibel dazu ein eigenes Wort hat: „bara".

Genauso unvorstellbar ist für uns die Vollendung der Schöpfung, das ewige Ostern. „Und ich sah einen neuen Himmel und eine neue Erde; denn der erste Himmel und die erste Erde sind vergangen." Schon die Anfänge der Schöpfung sind unvorstellbar. Wie über unsere Vorstellungskraft hinausgehend wird erst die Vollendung sein. Auch meine Existenz wird sich mit der ganzen Schöpfung vollenden, wie kann das sein? Wie kann das sein, wo doch offensichtlich Tod und Vernichtung das Ende, auch mein Ende bestimmen? Auch das Schaffen Gottes, das zur Vollendung führt, könnte mit „bara" beschrieben werden: einmalig, unvorstellbar, nicht vergleichbar.

Unvorstellbar war das auch für die Frauen am Grab Jesu: Tod ist doch Tod, das Kreuz ist doch Realität, damals wie heute. Maria Magdalena: Der da vorne kann doch nur der Gärtner sein, wer sonst?

Die Wahrheit richtet sich nicht danach, was wir uns vorstellen können und was nicht. Die Wahrheit hat einen Namen: „bara", Gott schafft, schafft neu, anders als wir Menschen uns das vorstellen können.

Erster Exkurs: Es werde Licht, es werde die Liebe

Licht aus dem wir kommen

Gleich zu Anfang ein Exkurs: *Es werde Licht!*" Dies ist das erste Wort Gottes in der Heiligen Schrift. Es meint nicht nur die Lichtquanten in der Anfangszeit der Expansion des Kosmos, es ist ein Bild dafür, dass Gott uns gut sein will, ein Bild für seine Liebe, so eine Art Programm für sein Wirken: Am Anfang steht das Licht, wir kommen sozusagen aus dem Licht; Licht begleitet uns auf unseren Wegen und wir werden einmal ins Licht sterben. Wir sind gerufen, Kinder des Lichtes zu sein.

Auf der ersten wie auch auf der letzten Seite der Bibel ist vom Licht die Rede. Auf der letzten Seite lesen wir: *Die Stadt (d. i. das neue Jerusalem) braucht weder Sonne noch Mond, die ihr leuchten. Denn die Herrlichkeit Gottes erleuchtet sie, und ihre Leuchte ist das Lamm.* (Offb 21,23)

Joseph Haydn hat dieses ,*Es werde Licht*' in seinem Oratorium ,Die Schöpfung' unübertroffen zum Klingen gebracht: Mit dem überraschenden Fortissimo-Umschlag des ganzen Orchesters vom dunklen E-moll in das strahlend triumphale C-Dur ist das Bibelwort vom Licht musikalisch neu geschaffen worden. Hans Küng berichtet davon in seinem Buch „Der Anfang aller Dinge". (Piper-Verlag)

Im Buch Amos lesen wir:

> *Er hat das Siebengestirn und den Orion erschaffen.*

Er lässt aus Dunkelheit Licht werden
und aus Licht wieder Dunkelheit.
Er ruft das Wasser aus dem Meer
und lässt es auf die Erde herabregnen.
»HERR« ist sein Name. (Am 5,8)
Licht ist nicht nur eine geschaffene Wirklichkeit, es
ist nahezu eine Eigenschaft Gottes selbst. Bei Paulus lesen wir:
Gott, der da wohnt in einem Licht, zu dem niemand
kommen kann. (1 Tim 6,16)
Dieser Gott in seinem Licht ist unsere Zukunft. In
einem Hymnus betet und singt die Kirche:
> „Und jener letzte Morgen einst,
> den wir erfleh'n voll Zuversicht,
> er finde wachend uns beim Lob
> und überströme uns mit Licht.
> Des neuen Tages heitres Licht
> dringt tief in unsere Seele ein.
> ...
> So führe uns der neue Tag
> aus Finsternis zum Licht des Herrn.
> (Laudeshymnus Brevier 397)

Licht in das wir gehen

Ein Prophetenwort zu unserer lichtvollen, da lie-
bevollen Zukunft:
In Zukunft brauchst du nicht mehr die Sonne als
Licht für den Tag noch den Mond als Licht für die

Nacht; denn ich, der HERR, dein Gott, werde für immer dein Licht sein und dir mit meinem herrlichen Glanz leuchten. (Jes 60,19)

Hans Küng schreibt am Ende seines Buches „Der Anfang aller Dinge" als persönliches Bekenntnis:

„So kann ich denn das unfassbare Ganze der Wirklichkeit verstehen:

Gott als Alpha und Omega, der Anfang und das Ende aller Dinge.

Und deshalb ein Sterben ins Licht hinein:

Mit dem Wort vom Licht auf der ersten Seite der Bibel im Buche Genesis habe ich dieses Buch begonnen. Das Wort vom Licht auf der letzten Seite, der Offenbarung des Johannes, antwortet ihm unmittelbar:

Und es wird keine Nacht mehr geben, und sie brauchen weder das Licht einer Lampe noch das Licht der Sonne. Denn der Herr, ihr Gott, wird über ihnen leuchten, und sie werden herrschen von Ewigkeit zu Ewigkeit. (Offb 22,5)."

Licht ist eines der am häufigsten verwendeten Worte der Bibel:

Der Herr ist mein Licht und mein Heil, vor wem sollte ich mich fürchten? (Psalm 27,1)

Dein Wort ist meines Fußes Leuchte und ein Licht auf meinem Wege. (Psalm 119,105)

Und das ist die Botschaft, die wir von ihm gehört haben und euch verkündigen, dass Gott Licht ist, und in ihm ist keine Finsternis. (1 Joh 1,5)

Mache dich auf, werde Licht, denn dein Licht kommt, und die Herrlichkeit Gottes erstrahlt über dir. Denn siehe, Finsternis bedeckt das Erdreich und Dunkel die Völker; aber über dir geht auf der Ewige, und seine Herrlichkeit erscheint über dir. Und die Heiden werden zu deinem Licht ziehen und die Könige zum Glanz, der über dir aufgeht. (Jes 60,1-3)

Nicht nur in der Bibel gibt es diese Sehnsucht nach Licht, auch schon in uralten Mythen anderer Völker und Kulturen:

Die griechische Prometheus-Sage beinhaltet die Sehnsucht nach einem Gott, der uns das Feuer, das Licht bringt.

In der keltischen Grabanlage von Newgrange, Irland, gelangen die Sonnenstrahlen zur Wintersonnenwende in das Grab; hier zeigt sich die Sehnsucht nach einem Gott, der Licht in unser Grab bringt.

In Ägypten erklärt der „Sonnenkönig" Echnaton die Sonne, Aton, zum einzigen Gott. Keine Vielfalt der Götter mehr, nur noch den einen Gott Aton. Seine Gemahlin Nofretete und er, der Pharao, sprechen zu Aton.

Auch der Islam gebraucht das Bild vom Licht:

„Allah ist das Licht der Himmel und der Erde. Sein Licht ist gleich einer Nische, in der sich eine Lampe befindet; die Lampe ist in einem Glase, und das Glas gleicht einem flimmernden Stern. Es wird angezündet von einem gesegneten Baum, einem Ölbaum, weder vom Osten noch vom Westen, dessen

Öl fast leuchtete, auch wenn es kein Feuer berührte - Licht über Licht. Allah leitet zu seinem Licht, wen er will, und Allah macht Gleichnisse für die Menschen, und Allah kennt alle Dinge." (aus dem Koran, Sure 24,35)

In den fernöstlichen Religionen ist vom Licht die Rede:

„Lasst uns meditieren über die Herrlichkeit des göttlichen Lichtes. Es möge unseren Geist erleuchten." (Gayatri-Mantra, Gebet der Hindus)

„Das Licht nun, das jenseits vom Himmel leuchtet, über allem, über jeglichem, in den allerhöchsten, höchsten Welten wahrlich, das Licht, das innen im Menschen ist, das ist dieses Licht... Daher verehre man dieses innere Licht als ein wahrnehmbares und vernehmbares."

(Chandogya - Upanishad 3.13.7.9)

„Darum verharrt nun, ihr Mönche, und seid euch selbst zur Leuchte, euch selbst zur Zuflucht, habt sonst keine andere Zuflucht. Die Lehre diene euch zur Leuchte, die Lehre sei euch Zuflucht, die ihr sonst keine andere Zuflucht habt." (aus den Abschiedsreden des Buddha, Dighanikaya XVI2)

„Ich bin das Licht der Welt"

Im Nizäischen Glaubensbekenntnis heißt es von Jesus Christus, er sei »Licht vom Lichte, wahrer Gott vom wahren Gott«. In seinem Licht können auch wir wandeln. Entfaltet wird diese Wahrheit in den Evangelien:

Im Lukasevangelium:

Unser Gott ist reich an Erbarmen, darum kommt zu uns das strahlende Licht aus der Höhe. Es wird allen leuchten, die in Finsternis sitzen und im Dunkel des Todes; es wird unsere Schritte auf den Weg des Friedens lenken. (Lk 1,78 f)

Im Johannesevangelium:

Da redete Jesus abermals zu ihnen und sprach: Ich bin das Licht der Welt. Wer mir nachfolgt, der wird nicht wandeln in der Finsternis, sondern wird das Licht des Lebens haben. (Joh 8,12)

Im Matthäusevangelium:

Ihr seid das Licht der Welt. Es kann eine Stadt, die auf einem Berge liegt, nicht verborgen sein. Man zündet auch nicht ein Licht an und setzt es unter einen Scheffel, sondern auf einen Leuchter; so leuchtet es allen, die im Haus sind. So soll euer Licht leuchten vor den Leuten, dass sie eure guten Werke sehen und euren Vater im Himmel preisen. (Aus der Bergpredigt, Mt 5,14-16)

Aus dem Liedschatz der Christenheit singen wir zu Ostern: (GL 208):

„O Licht der wunderbaren Nacht,
uns herrlich aufgegangen,
Licht, das Erlösung uns gebracht,
da   wir vom Tod umfangen,
du Funke aus des Grabes Stein,
du Morgenstern, du Gnadenschein,
der Wahrheit Licht und   Leben!

O Licht der lichten Ewigkeit,
das unsre Welt getroffen,
in dem der Menschen Schuld und Leid
darf Auferstehung hoffen.
O Nacht, da Christus unser Licht!
O Schuld, die Gottes Angesicht
uns leuchten lässt in Gnaden!

O Licht, viel heller als der Tag,
den Sonnen je entzündet,
das allem, was im Grabe lag,
den Sieg des Lebens kündet.
Du Glanz des Herrn der Herrlichkeit,
du Heil der Welt in Ewigkeit,
voll Freuden und voll Frieden!

Bei Apostel und Propheten

Aus dem Leben des Paulus lesen wir in der Heiligen Schrift:

Als ich nun unterwegs war und mich Damaskus näherte, da geschah es, dass mich um die Mittagszeit plötzlich vom Himmel her ein helles Licht umstrahlte. Ich stürzte zu Boden und hörte eine Stimme zu mir sagen: „Saul, Saul, warum verfolgst du mich?" Ich antwortete: „Wer bist du, Herr?" Er sagte zu mir: „Ich bin Jesus, der Nazoräer, den du verfolgst." Meine Begleiter sahen zwar das Licht, die Stimme dessen aber, der zu mir sprach, hörten sie nicht. Ich sagte: „Herr, was soll ich tun?" Der Herr antwortete: „Steh auf und geh nach Damaskus, dort wird dir alles gesagt werden, was du nach Gottes Willen tun sollst." Da ich aber vom Glanz jenes Lichtes geblendet war, so dass ich nicht mehr sehen konnte, wurde ich von meinen Begleitern an der Hand geführt und gelangte so nach Damaskus. (Apg 9,3 ff)

Aus dem Leben des Petrus lesen wir:
Plötzlich stand da der Engel des Herrn, und die ganze Zelle war von strahlendem Licht erfüllt. Der Engel weckte Petrus durch einen Stoß in die Seite und sagte: „Schnell, steh auf!" Da fielen Petrus die Ketten von den Händen. (Apg 12,7)

Paulus bezeugt:
Gott hat einst gesagt: „Licht strahle auf aus der Dunkelheit!" So hat er auch sein Licht in meinem Herzen aufleuchten lassen und mich zur Erkenntnis seiner Herrlichkeit geführt, der Herrlichkeit Gottes, wie sie aufgestrahlt ist in Jesus Christus. (2 Kor 4,6)

Schon beim Propheten Isaias lesen wir:
Wenn ihr den Hungernden zu essen gebt und euch den Notleidenden zuwendet, dann wird eure Dunkelheit hell werden, rings um euch her wird das Licht strahlen wie am Mittag. (Jes 58,10)

Eine schöne Geschichte dazu aus dem Judentum:

Ein Rabbi fragt einen gläubigen Juden: „Wann weicht die Nacht dem Tag? Woran erkennt man das?" Der versuchte eine Antwort: „Vielleicht, wenn man den ersten Lichtschimmer sieht? Oder wenn man einen Busch schon von einem Menschen unterscheiden kann?" „Nein", sagt der Rabbi, „die Nacht weicht dem Tag, wenn der eine im Gesicht des anderen den Bruder und die Schwester sieht. Solange das nicht der Fall ist, ist die Nacht noch in uns."

Licht ist ein Bild ür die Liebe, für Gott selbst, der in unzugänglichem Lichte wohnt.

Das Richterfenster im Kölner Dom

Ich möchte diesen Exkurs zum großen biblischen Thema Licht abschließen mit einem Blick in die Kunst. Kaum etwas anderes beherrscht etwa die Malerei so sehr wie das Licht und die Möglichkeiten, es darzustellen. Ich schaue so gerne in das Südfenster des Querhauses im Kölner Dom von Gerhard Richter. 11.263 Farbquadrate geben in 72 Farben das Licht wieder, sagen wir, das Wesen des Lichtes, die Farbigkeit des Lichtes. Zumeist werden Kunstwerke durch Form und Farbe gestaltet, hier tritt die Form ganz zurück, die Farbe ist alles. Ein Zufallsgenerator hat die Farbfelder angeordnet. Aber je länger man das Fenster anschaut, umso mehr entdeckt man aber auch die Symmetrie in der Anordnung der Farbquadrate. Zufall und Freiheit, aber auch Ordnung und Symmetrie, so ‚funktioniert' die Welt, in der wir leben. Darüber später noch mehr.

Die Zeit in guten Händen

Nach dem ersten Johannesbrief dürfen wir Gott und die Liebe gleichsetzen. Tun wir das und lesen: Im Anfang schuf die Liebe Himmel und Erde. Etwas anders ausgedrückt: Aus Liebe ist die Welt geworden und für die Liebe ist sie geschaffen. Menschen fragen: Gibt es überhaupt Gott? Ich antworte: Es gibt doch Liebe in der Welt und Gott ist da, wo diese Liebe gelebt wird, er ist die Liebe, also gibt es Gott.

Aber, so wird man fragen, was haben denn Sonne, Mond und Sterne mit Liebe zu tun, oder modern gefragt, was hat der Urknall mit Liebe zu tun? Schauen wir einmal genau hin. Gottes Wirken – also das Wirken seiner Liebe – wird mittels unserer Vernunft in den Werken der Schöpfung wahrgenommen, schreibt Paulus im Römerbrief (1,20). Hören wir deshalb in die Schöpfung und nehmen wahr, was da grundgelegt wurde.

Ulrich Lüke schreibt in einem sehr lesenswerten Interview ‚Staunen ist der Anfang':

„Gott macht kein Fertigprodukt. Er macht eine Welt, die sich macht. Wie kann ich Gott dann erkennen? Man kann ihn natürlich nicht mit Waage, Bandmaß oder Geigerzähler erfassen. Aber der

erste Schritt der Gotteserkenntnis ist, wie gesagt, das Staunen. Ich lebe in einer Welt, die ich selbst nicht gemacht habe und lebe als jemand, der sich selbst einem anderem verdankt. So steckt schon in meinem Dasein ein Verweis auf den Geber dieser Gabe. Wann immer ich über Gott rede, er sprengt meine Kategorien und Definition. Ich kann also nur hinweisend, nicht beweisend von ihm sprechen. Gott, das Geheimnis der Welt, übersteigt jederzeit unsere Erkenntnis und unsere Begriffsbildung: „Deus semper major". Und Naturwissenschaftler wie Theologen sind nur armselige Nach-Denker dessen, was ein unerschöpflicher Vor-Denker zuvor ins Werk gesetzt hat."
(http://www.kt.rwth-aachen.de/wp-content/uploads/2012/01/Lueke_Interview_Staunen_ist_der_Anfang.pdf)

Ich möchte diesen Gedanken noch etwas vertiefen: Der Gedanke Lükes, dass Gott eine Welt macht, die sich macht, könnte dazu verführen, sich Gott vorzustellen als jemanden, der sich nicht dafür interessiert, wie sich Welt und Menschen machen. Solche Gottesvorstellungen hat es ja gegeben und gibt es immer noch. Hier hilft das Bild von guten Eltern. Ich einem Hochgebet der katholischen Kirche heißt es: „Du sorgst für uns wie ein guter Vater und eine liebende Mutter!" Auch Eltern liefern kein ‚Fertigprodukt' ab. Sie begleiten ihre Kinder beim Wachsen und Werden. Auch Eltern wollen, dass aus ihrem Kind etwas wird. „Schön wie du dich gemacht hast!" So oder ähnlich sprechen und denken liebende Eltern über ihre Kinder. So freut sich auch ein liebender Gott, wenn sich seine Schöpfung, wenn sich seine Menschen, wenn wir ‚uns machen'. Wir stellen fest: Es gibt nicht nur etwas, es wird auch etwas. Die Kölner sagen: „Es ist wie es ist!" Zur Schöpfung könnte man sagen: „Es ist, wie es wird!" Schöpfung ist ein ständiges Werden. Kann man es vielleicht auch so formulieren: Es soll offensichtlich etwas daraus werden? Hören wir in das Werden des Kosmos und das Werden der Zeit hinein, wie es uns so ergreifend und bewegend die jüdische Schriftstellerin Nelly Sachs empfiehlt: Ausgehend vom Propheten Isaias, *Ehe es wächst, lasse ich es euch erlauschen.* (Jesaja 42,9), und in der Erfahrung der Schoa und des Holocaust schreibt sie uns (1945!) eindringlich, unser Ohr nicht zu verkaufen, es an die Erde zu pressen, uns wie Dünengras am offenen Meer bewegen zu lassen vom Wind des Geistes in dieser Welt. Dann hören wir sogar, wie im Tod das Leben beginnt:

> Lange haben wir das Lauschen verlernt!
> Hatte Er uns gepflanzt einst zu lauschen
> Wie Dünengras gepflanzt, am ewigen Meer,
> Wollten wir wachsen auf feisten Triften,
> Wie Salat im Hausgarten stehn.
> Wenn wir auch Geschäfte haben,
> Die weit fort führen

Von Seinem Licht,
Wenn wir auch das Wasser aus Röhren trin-
ken,
Und es erst sterbend naht
Unserem ewig dürstenden Mund
– Wenn wir auch auf einer Straße schreiten,
Darunter die Erde zum Schweigen gebracht
wurde
Von einem Pflaster,
Verkaufen dürfen wir nicht unser Ohr,
O, nicht unser Ohr dürfen wir verkaufen.
Auch auf dem Markte,
Im Errechnen des Staubes,
Tat manch einer schnell einen Sprung
Auf der Sehnsucht Seil,
Weil er etwas hörte,
Aus dem Staube heraus tat er den Sprung
und sättigte sein Ohr.
Presst, o presst an der Zerstörung Tag
An die Erde das lauschende Ohr,
Und ihr werdet hören, durch den Schlaf hin-
durch
Werdet ihr hören
Wie im Tode
Das Leben beginnt.
(Nelly Sachs, Gedichte, hrsg. von Hilde Domin,
Frankfurt a. M. 1977, S.17)

Wissenschaftler pressen auch an die Erde das lauschende Ohr, hören in diese Welt hinein und entlocken ihr Geheimnisse, aber es gibt einen Unterschied zu unserem Fragen, zu unserem In-die-Welt-Hineinhören; Wissenschaft fragt nach dem „Wie", wir möchten fragen nach dem „Warum".

Charles H. Townes, der Erfinder des Laserlichtes sagt: „Wissenschaft ist ein Versuch, die Welt zu verstehen. In der Religion geht es um Sinn und Bedeutung von Welt und Mensch." Ich sage es so: Naturwissenschaft liefert Welterklärungsmodelle, Religion liefert Sinnerklärungsmodelle. Naturwissenschaft muss und darf als Wissenschaft die Welt erklären, uns sagen, wie alles ist; die Frage nach dem Sinn, nach dem Warum jedoch ist keine Frage der Wissenschaft. Der Mensch aber darf und muss, wenn er seiner inneren Stimme folgt, auch die Frage nach dem Warum stellen. Dabei ist natürlich die Frage nach dem Wie der Welt nicht unwichtig, im Gegenteil. Das Wie gibt uns die erste Ahnung einer Antwort auf die Frage nach dem Warum.

Wenn wir nach dem Sinn des Ganzen suchen, wenn wir in die Wirklichkeit dieser Welt hineinhören, wenn wir dabei nicht nur nach dem Wie unserer Welt fragen, sondern auch nach dem Warum, nach dem Sinn, wenn wir uns fragen, was das Ganze soll, der Urknall, die Welt, das Leben, der Mensch, mein Leben, dann, so bin ich ganz sicher, wenn wir also unser Ohr nicht verkauft haben, werden wir eine wunderschöne Melodie hören.

„Nehmt Gottes Melodie in euch auf", so schrieb Bischof Ignatius von Antiochien um das Jahr 107 an eine christliche Gemeinde. Ignatius geht davon aus, dass Gott in seiner Schöpfung und erst recht für jeden von uns ein Lied, eine Stimme, eine Lebensmelodie hat. Aufgabe eines jeden Menschen ist es demnach, diese ureigene Melodie zu hören, zu vernehmen, zu lauschen: Was ist Gottes Melodie in seiner Welt, wie klingt sein persönliches Lied für mich? Es ist übrigens ganz sicher ein Liebeslied.

Rilke dichtet: „Die Dinge singen hör ich so gern." Die ganze Schöpfung stimmt in dieses Lied mit ein. Es ist kein eintöniges, uniformes Lied. Was ist vielgestaltiger als unsere Schöpfung?

Meine Zeit steht in deinen Händen

Es ist Meinung des Heiligen Augustinus und der modernen Naturwissenschaft, dass mit dem Anfang der Welt auch die Zeit begonnen hat. Vor der Welt und außerhalb des Kosmos gab und gibt es nichts, auch keine Zeit. Gott – die Liebe – hat die Zeit erschaffen, die Zeit ist die Grundvoraussetzung, dass nicht nur etwas ist in der Welt, sondern etwas werden kann. Es werde Licht, es werde das Leben, es werde der Mensch, lesen wir in der Bibel. Die Liebe will, dass etwas werden kann, dass etwas morgen anders ist als heute, dass es Entwicklung gibt, Evolution, wie wir sagen. Könnte es Liebe geben in einer Welt, in der es keine Zeit gibt, nur ein festgemauertes Sein, nicht ein Werden, nur ein Heute, nicht auch ein Morgen? Liebe will Liebe ermöglichen, dazu dient die Zeit.

Gott selbst ist nicht zeitlich, er ist ewig, er steht über der Zeit, er ist ewige Gegenwart, er ist immer „gegenwärtig". Wir Menschen fragen uns oft, wie das sein kann, dass Gott für so viele Milliarden und Abermilliarden Menschen da sein kann, die heute leben und vor uns gelebt haben. Ich denke mir, weil Gott zeitlos ist. Für ihn ist jeder Mensch sein ureigener Augenblick. Die Ewigkeit Gottes meint nicht endlos lange Zeit, meint Zeitlosigkeit.

Jeder Mensch, wann und wo auch immer er gelebt hat, ist Gottes „Jetzt".

Auch in der Bibel macht sich einer Gedanken über die geschenkte Zeit und was die Menschen daraus machen:

Alles hat seine Stunde. Für jedes Geschehen unter dem Himmel gibt es eine bestimmte Zeit: eine Zeit zum Gebären und eine Zeit zum Sterben, eine Zeit zum Pflanzen und eine Zeit zum Ausreißen der Pflanzen, eine Zeit zum Töten und eine Zeit zum Heilen, eine Zeit zum Niederreißen und eine Zeit zum Bauen, eine Zeit zum Weinen und eine Zeit zum Lachen, eine Zeit für die Klage und eine Zeit für den Tanz; eine Zeit zum Steinewerfen und eine Zeit zum Steinesammeln, eine Zeit zum Umarmen und eine Zeit, die Umarmung zu lösen, eine Zeit zum Suchen und eine Zeit zum Verlieren, eine Zeit zum Behalten/

*und eine Zeit zum Wegwerfen, eine Zeit zum Zerrei-
ßen/ und eine Zeit zum Zusammennähen, eine Zeit
zum Schweigen und eine Zeit zum Reden, eine Zeit
zum Lieben und eine Zeit zum Hassen, eine Zeit für
den Krieg und eine Zeit für den Frieden.*
(Pred 3,1 ff)
Gott – die Liebe – hat die Zeit der Welt und uns geschenkt, sie entstammt seinen Händen, sie steht
also immer in seinen Händen.
Ein modernes Kirchenlied (nach Psalm 31,15)
drückt das sehr schön aus:

> Meine Zeit steht in deinen Händen.
> Nun kann ich ruhig sein, ruhig sein in dir.
> Du gibst Geborgenheit, du kannst alles
> wenden.
> Gib mir ein festes Herz, mach es fest in dir.
> Sorgen quälen und werden mir zu groß.
> Mutlos frag ich: Was wird Morgen sein?
> Doch du liebst mich, du lässt mich nicht
> los.
> Vater, du wirst bei mir sein.
>
> Meine Zeit steht in deinen Händen.
> Nun kann ich ruhig sein, ruhig sein in dir.
> Du gibst Geborgenheit, du kannst alles
> wenden.
> Gib mir ein festes Herz, mach es fest in dir.
> Hast und Eile, Zeitnot und Betrieb
> Nehmen mich gefangen, jagen mich.
> Herr ich rufe: Komm und mach mich frei!

Führe du mich Schritt für Schritt.

Meine Zeit steht in deinen Händen.
Nun kann ich ruhig sein, ...
(Text und Melodie: Peter Strauch)

Kosmos, kein Chaos

Gesetz, Freiheit, Notwendigkeit und Zufall
Die Wissenschaftler haben erkannt, dass es Naturgesetze gibt. Auch sie sind Bestandteile der Melodie, die wir hören, wenn wir unser Ohr an diese Welt legen. Das Bestreben der Naturwissenschaftler ist es, diese Gesetze in der Sprache der Mathematik zu formulieren. Die Natur hält sich daran, von Anfang an und überall. Naturgesetze sind ihrem Wesen nach geistvolle, geistige Wirklichkeiten, geistige Prozessbeschreibungen. „Wer bläst den Gleichungen den Odem ein, und erschafft ihnen ein Universum, das sie beschreiben können?", fragt kein geringerer als Stephen W. Hawking, eine gute Frage eines sonst atheistischen Naturwissenschaftlers. Fragen sind immer gut.
Hawking hat weitere interessante Fragen gestellt, zum Beispiel auch die:
„Warum macht sich das Universum die Mühe zu existieren?
Wenn sie wollen, können sie Gott als die Antwort auf diese Frage definieren."

Ich antworte: Weil dieser Gott die Liebe ist und Liebe ermöglichen will, deshalb gibt es einen Kosmos und kein Chaos.

Der Töpfer

Liebe will es gut machen, will, dass es immer besser wird. Das ist auch eine der Botschaften des Propheten Jeremias:

Das Wort des HERRN erging an mich, an Jeremia; er sagte zu mir: „Geh hinunter zum Haus des Töpfers! Dort wirst du hören, was ich dir zu sagen habe." Ich ging hin und fand den Töpfer bei seiner Arbeit an der Töpferscheibe. Wenn ihm ein Gefäß unter den Händen misslang, dann machte er aus dem Ton ein anderes, ganz wie er es für richtig hielt. Da erging das Wort des HERRN an mich, er sagte: „Kann ich es mit euch Leuten von Israel nicht genauso machen? Wie der Ton in der Hand des Töpfers, so seid ihr in meiner Hand." (Jeremia 18)

Wir dürfen dieses Bild nicht überziehen: Wir sind Gott unendlich viel mehr wert als ein Klumpen Lehm. Aber aus diesem Klumpen Lehm hat er uns – sinnbildlich gesprochen - anfangs gemacht, getöpfert, und immer wieder verbessert, nicht weggeworfen, weil Liebe nichts wegwirft. Er, die Liebe, hat uns Geist und Seele, Freiheit eingehaucht, damit auch wir fähig werden zur Liebe. Gott bestimmt nicht nur, gestaltet nicht nur, er schenkt auch Freiheit: *Ihr aber, liebe Brüder und Schwestern, seid zur Freiheit berufen.* (Gal 5,13)

Gott hat den Klumpen Lehm in seinen Händen so gestaltet, dass er zur freien Entscheidung fähig ist. „Der Lehm war in dem Augenblick zum Menschen geworden, in dem ein Wesen erstmals den Gedanken Gott zu bilden vermochte. Das erste Du, das - wie stammelnd auch immer – vom Menschenmund zu Gott gesagt wurde, bezeichnet den Augenblick, in dem der Geist aufgestanden war in der Welt." (Joseph Ratzinger, 1969)

Gott – wie eine tröstende Mutter

Ihr sollt auf dem Arme getragen werden, und auf den Knieen wird man euch freundlich halten. Ich will euch trösten, wie einen seine Mutter tröstet. (Jesaja 66,12 f)
Das Bild vom erschaffenden Gott, vom Vater, könnte dazu verführen, sich vorzustellen, dass Gott auch das Geschlecht eines Vaters hat: eben männlich. Aber Gott hat natürlich kein Geschlecht. Besonders kostbar sind deshalb die Bibelstellen, die auf einen Gott hinweisen, der mütterlich ist. Bei Isaias zum Beispiel ein Gott, der tröstet wie eine Mutter. Er stellt Gott nicht als Kriegsherr, nicht als König, nicht als Befehlshaber vor, sondern als Mutter, die ein Kind auf ihrem Schoß tröstet. Das weckt bei mir ganz persönliche Erinnerungen, wie ich von einer Schaukel gefallen bin und mir eine arge Fleischwunde an einem rostigen Nagel zugezogen

habe oder wie mich der Nachbarjunge verprügelt hat und ich heulend zu meiner Mutter kam und sie mich tröstete. Sie saß an meinem Bett im Krankenhaus, als ich mir eine Gelbsucht zugezogen habe. Welche Kraft der Liebe geht von einer tröstenden Mutter aus? So ist die Kraft Gottes.

Einer der herausragendsten Eigenschaften Gottes in der Bibel ist seine Barmherzigkeit „rächäm". Im hebräischen Wortstamm ist auch Mutterschoß, mütterliches Erbarmen enthalten. Wenn wir in der Liturgie Gott unseren barmherzigen Vater nennen, muss ich immer an den Vater denken, auf dessen „mütterlichen" Schoß wir sitzen und der uns tröstet. Ein solches Gottesbild ergänzt und korrigiert ganz wesentlich das Bild von einem „allmächtigen", „omnipotenten", männlich geprägten Gott.

Der Psalm 90 schildert die Schöpfung als Geburt: *Ehe geboren wurden die Berge, ehe du unter Wehen hervorbrachtest Erde und Erdkreis, bist du Gott von Ewigkeit zu Ewigkeit.*

Paulus greift das Bild von den Wehen auf: *„Denn wir wissen, dass die gesamte Schöpfung bis zum heutigen Tag seufzt und in Geburtswehen liegt."* (Röm 8,22)

El Schaddai

„El ist im arabischen Sprachraum die älteste Bezeichnung für Gott... In vielen Texten, vor allem des alte Testaments erscheint die imponierende

Machfülle des alten El: ‚Ich sende meinen Schrecken vor dir her, ich verwirre jedes Volk, zu dem du kommst, und alle deine Feinde lasse ich vor dir die Flucht ergreifen. Ich lasse vor dir Panik ausbrechen‘ … ‚Ja, El hat ihn (Jakob/Israel) aus Ägypten geführt. Er hat Hörner wie ein Wildstier. Er frisst die Völker, die ihm Feind sind, er zermalmt ihre Knochen und zerbricht ihre Pfeile. Er duckt sich, liegt da wie ein Löwe, wie ein Raubtier. (Num 28,8) Für mich bedeutet dieser El Schaddai, dass er allein der Allmächtige ist, dass kein Mensch sich erdreisten darf, diese Allmacht für sich zu beanspruchen. Es bedeutet auch, dass er der Herr über seiner Schöpfung ist und bleibt. Er selbst besitzt seine Schöpfung, nicht der Mensch. Aber er ist kein kriegerischer Gott.

J. Moltmann schreibt:

„Die Welt als Schöpfung Gottes zu verstehen, bedeutet gerade nicht, sie als Welt des Menschen anzusehen und in Besitz zu nehmen. Ist die Welt Gottes Schöpfung, dann bleibt sie sein Eigentum und kann vom Menschen nicht in Besitz genommen, sondern nur als Leihgabe empfangen und treuhänderisch verwaltet werden.“ (J. Moltmann, Gott in der Schöpfung S. 35, zitiert nach Lüke, Das Glaubensbekenntnis)

Im Internet finde ich einen interessanten Hinweis, dass das hebräische ‚allmächtig -schaddai‘ abgeleitet ist von ‚Schad‘, was an 18 Stellen der Bibel Mutterbrust meint. (Mutterliebe Gottes)

Spontaneität und geschenkte Freiheit

Es gibt im Universum nicht nur Gesetze, an die sich die Natur immer und überall hält, es gibt auch Ereignisse, Wirkungen ohne Ursache, es gibt Spontaneität. Wissenschaftler sprechen vom Zufall. So zerfällt ein radioaktives Atom spontan, man könnte auch sagen in Freiheit. Es gibt keine auch noch so verborgene Variable, die den Zeitpunkt des Zerfalls bestimmen könnte, Diese Vorgänge sind spontan und geschehen ohne erkennbare Ursache. Nur die Zeit, wann die Hälfte der radioaktiven Substanz zerfallen ist, kann man bestimmen. Also, so sagt Heiko, ein Freund aus alten Zeiten, selbst Physiker, so ganz willkürlich ist die Spontaneität nicht. Die Freiheit meint nicht Willkür oder Gesetzlosigkeit. Ich vermenschliche meine Ausdrucksweise sehr stark: Du, Teilchen, kannst dich frei entscheiden, wann du zerfallen willst, bist aber auch hier eingebunden in die Wirklichkeit der Naturgesetze. Letztlich unbegreiflich!

Die Spontaneität in der Evolution, der Entwicklung des Lebens, ist eine weitere wichtige Erkenntnis. Da herrscht der Zufall, die Mutation, wenn Sie so wollen, eine Entscheidungsfreiheit. Ohne die Freiheit wäre die Welt eine Zwangsanstalt, total bestimmt von einem Zwangsherrscher. Es gibt eine Vorstellung von Gott, die ihn als jemanden sieht, der alle – aber auch alle – Fäden wie ein Puppenspieler in seinen Händen hält. An diesen Schnüren hängt dann alles, auch der Mensch, wie ein Hampelmann. Ein Gott, der die Liebe ist, will aber kein Zwangsherrscher sein, genau so wenig wie ein guter Vater oder eine gute Mutter in der Kindererziehung. Ohne diese schon in der Natur grundgelegte Freiheit, Offenheit für Entwicklungen, Ermöglichung von Spontaneität wäre die Welt die reinste Zwangsanstalt. Gott will nicht (be)herrschen, er will lieben und einmal geliebt werden. Liebe zwingt nicht. Liebe will, dass etwas wird. Das zeigt sich schon in der Grundlegung des Kosmos: in der Physik, in der Evolution.

Gott ist nicht wie Helikopter-Eltern, Gott – die Liebe – gewährt Freiheit, lässt Entwicklung zu, die Möglichkeit des So oder So, die Spontaneität. Ich vermenschliche wiederum meine Ausdrucksweise: „Helikopter-Eltern" - das sind Mütter oder Väter, die wie ein Helikopter ständig über ihren Kindern schweben und immer alles im Blick haben. Wenn es sein muss, können sie sofort eingreifen. Das gibt Sicherheit, lässt aber andererseits wenig Freiraum. Die Kinder lernen nicht, ihre eigenen Flügel zu gebrauchen.

Für manche Menschen ist Gott so ein Helikopter-Vater: Er überwacht alles, sieht alles, kontrolliert alles. So eine Gottesvorstellung kann richtig krank machen, weil sie keine Freiheit lässt, keinen Raum zum Wachsen, keine Chance zu fliegen, die eigenen Flügel zu gebrauchen.

Dieter Hattrup, Theologe und Naturwissenschaftler, schrieb einmal: „Die Freiheit zeigt sich in der Welt als Schattenspiel von Zufall und Notwendigkeit. Natur ist diejenige Wirklichkeit, die ich ergreifen kann; Gott diejenige Wirklichkeit, die mich ergreift." (aus ‚Darwins Zufall oder Wie Gott die Welt erschuf', Herder, Freiburg 2008 oder aus ‚Freiheit als Schattenspiel von Zufall und Notwendigkeit', Herder 2009) Er schreibt in ‚Freiheit als Schattenspiel von Zufall und Notwendigkeit' über den Zufall: „Es gibt mehr Wirklichkeit, als die Naturwissenschaft abbilden kann ... Nicht alle Wirklichkeit ist Natur, denn es geschehen in ihr Ereignisse, die nicht voraussagbar sind..." Ohne diese „Freiheit" in der Natur gäbe es dann letztlich auch keine Freiheit des Menschen. Ich frage: Gäbe es Liebe in einer Welt ohne Freiheit? Zwang tötet doch die Liebe. Auch das ist schon grundgelegt seit dem Anfang von Welt und Zeit. Er, die Liebe, will Liebe ermöglichen, dazu dient die Freiheit, die Entscheidungsmöglichkeit, in der Liebe einmal wachsen kann.

Von Anfang an und im kleinsten Elementarteilchen schenkt Gott der Welt Freiheit, Entscheidungsmöglichkeit, damit einmal Liebe werden kann.

Es gilt aber auch: Ohne Naturgesetze, ohne Notwendigkeiten wäre die Welt kein geordneter Kosmos, sondern ein Chaos, ein Zustand der Gesetzlosigkeit. Dann gäbe es in der Natur nur Beziehungslosigkeit, nur ein Nebeneinander, kein Miteinander. Alles steht miteinander in Beziehung. Freiheit und Bindung, das große Thema auch der menschlichen Liebe.

Als Gleichnis und zur Verdeutlichung des Ganzen eine Beobachtung, die einmal ein Archäologe in der Wüste gemacht hat. Er erzählt von einem Adlerpaar, das hoch oben in den Felsen ihr Nest gebaut hatten. Ohne Unterlass suchten die beiden Nahrung für die Jungen. Als diese flügge geworden waren, geschah etwas sehr Eigenartiges: Die Alten schubsten die ängstlich piepsenden Jungen aus dem Nest. Mit sehr unkoordinierten Flügelschlägen fallen diese in die Tiefe. Kurz vor dem drohenden Zerschellen am Boden stürzen sich die Alten nach unten und fangen ihren Nachwuchs auf und tragen die Küken wieder nach oben. Dann beginnt das Spiel von neuem. Die Flügelschläge der Jungen werden immer koordinierter, so lernen sie das Fliegen.

Was der Archäologe berichtet finden wir auch als Gleichnis für Gottes Handeln in der Bibel: *... wie ein Adler sein Nest ausführt und über seinen Jungen schwebt, seine Schwingen ausbreitet, eines von ihnen aufnimmt und es auf seinem Gefieder trägt.* (5 Mo 32,11)

Wir Menschen sollen das Fliegen lernen, das Leben lernen, das Lieben lernen.

Das Universum ist Beziehung, keine Beziehungslosigkeit, ist Vielfalt, keine Uniformität.

Es gibt keine Beziehungslosigkeit im Weltall. Naturkräfte stiften diese Verbindungen, diese Beziehungen. Beziehungslosigkeit wäre der Tod der Welt, sie ist doch auch Tod der Liebe.

Wissenschaftler berichten uns, dass alles in der Welt, im ganzen Kosmos in Verbindung miteinander steht, wie eine wunderbare Symphonie, in der jedes Instrument aufeinander abgestimmt ist.

„Es ist wirklich ein erhabener Gedanke ..., dass, während unser Planet streng den Gesetzen der Schwerkraft folgend, in seinen Bahnen sich weiter dahinwälzt, sich aus einem so einfachen Anfang eine unübersehbare Reihe der schönsten und wunderbarsten Formen entwickelt hat und noch immer entwickelt." (Charles Darwin)

„Falls es in mir etwas gibt, das man religiös nennen könnte, so ist es eine unbegrenzte Bewunderung der Struktur der Welt, soweit sie unsere Wissenschaft enthüllen kann." (Albert Einstein)

Aus der Bewunderung kann die Dankbarkeit folgen. In einem Gebet aus Westafrika wird das deutlich:

> Herr, ich werfe meine Freude wie Vögel an den Himmel.
> Die Nacht ist verflattert, und ich freue mich am Licht.
> Deine Sonne hat den Tau weggebrannt

vom Gras und von unseren Herzen.
Was aus uns kommt und was in uns ist an diesem Morgen -
alles ist Dank.
Herr, ich bin fröhlich heute am Morgen.
Die Vögel und die Erde jubilieren, und ich singe auch.
Das All und unsere Herzen sind offen für deine Gnade.
Ich fühle meinen Körper und danke.
Das Meer rollt gegen den Strand, ich danke.
Die Gischt klatscht gegen unser Haus, ich danke.
Herr, ich freue mich an der Schöpfung und dass du dahinter bist und daneben und davor und darüber und in uns.
Ich werfe meine Freude wie Vögel an den Himmel.
Ein neuer Tag, der glitzert und knistert, knallt und jubiliert von deiner Liebe.
Jeden Tag machst du. Halleluja, Herr!

Dankbarkeit ist ganz sicher der Königsweg des Glaubens.

Wir sind in guten Händen

Das Werden in Raum und Zeit, die Gebundenheit und die Freiheit, die Verbundenheit und die Spontaneität, alles in guten Händen.

Beginnen wir mit einer Geschichte aus dem Zirkus: Im Zirkus geht das Licht aus, der Scheinwerfer geht nach oben, wo sich der Artist unter dem Zirkuszelt zurechtmacht. Er nimmt seine Balancierstange und tänzelt mit der über das Hochseil. Hin und zurück – die Leute klatschen. Dann nimmt der Artist eine Schubkarre und zieht mit der Karre über das Hochseil – hin und zurück – die Leute klatschen wieder.

Als es wieder ruhig geworden war im Zirkuszelt, ruft der Artist von oben herab: Wenn jemand Mut hat, kann er hochkommen und sich in die Schubkarre setzen.

Es wurde sehr still – keiner meldete sich – jeder versteckte sich hinter seinem Vordermann. Bis auf ein kleines Mädchen, das meldet sich, klettert auf der Leiter nach oben und setzt sich brav in die Schubkarre.

Der Artist zieht mit dem Mädchen in der Schubkarre über das Hochseil – hin und zurück. Atemlose Stille.

Wieder angekommen bricht frenetischer Beifall los. Das Mädchen klettert wieder die Leiter herunter. Unten steht der Zirkusdirektor mit dem Mikrofon in der Hand:

- Du bist aber mutig – hattest du keine Angst?
- Nein, ich hatte keine Angst.
- Hattest du wirklich kein bisschen Angst?
- Nein, überhaupt nicht! Der da oben, das ist mein Vater und der lässt mich nicht fallen!

Welch ein wunderschön formuliertes Glaubensbekenntnis: Der da oben ist unser aller Vater. Weil er die Liebe ist, lässt er uns nicht fallen, wie die Adler ihre Küken auch nicht fallen lassen. Wir dürfen uns geborgen wissen in seiner Schubkarre, in seinen guten Händen, unter seinen Flügeln.

Wir dürfen uns sagen lassen oder uns selbst sagen: Wenn du Hände hast, die dich halten, überwindest du alles, die Schwerkraft, die Sünde, die Angst und einmal auch den Tod! Wir werden gehalten, wir dürfen aber auch fliegen – wie die Adler.

Eine weitere Geschichte von guten Händen, die uns halten und uns nicht fallen lassen kann uns das verdeutlichen:

Ich gestehe, dass ich ein Leben lang Probleme hatte mit dem Bildwort Jesu: *Ich werde euch zu Menschenfischern machen.* (Mt 4,19).

Fische werden doch ins Netz gezwungen. Da kann man doch nicht von Freiheit reden, von Freiwilligkeit, von Entscheidungsmöglichkeit, von Selbstbestimmung. Ich habe dieses Wort Jesu lange nicht verstanden, bis ich eines Tages von einer Geschichte hörte, die sich Menschen auf einer Insel im Mittelmeer erzählten und bis heute erzählen. Werner Bergengruen hat aus dieser Geschichte eine Novelle gestaltet.

„Strenge Gesetze herrschten damals im Mittelalter auf dieser Insel. Verbrechen wurden mit dem Tod bestraft. So wurde auch eine Frau, die des Ehebruchs angeklagt war, vor den Richter geführt. Sie wurde schuldig gesprochen und zum Tode verurteilt. Der Richter fragte sie, ob sie noch einen letzten Wunsch habe vor ihrer Hinrichtung.

„Ich möchte meinen Mann noch einmal sehen und ihn um Verzeihung bitten!", sagte die Frau.

Der Richter war einverstanden und die Gerichtsdiener suchten auf der ganzen Insel den Mann, konnten ihn aber nicht finden, weder in seiner Hütte noch in seinem Boot; der Mann war Fischer von Beruf. »Dein Mann wird dich nicht mehr sehen wollen«, sagte der Richter und legte die Hinrichtung auf den kommenden Tag fest.

Die Frau wurde, wie alle Todeskandidaten vor ihr, im Morgengrauen einen Berg hinan geführt. Auf der anderen Seite dieses Berges war eine hohe steile Felsenwand - bis hinab in die Klippen des Meeres. Dort wurden die Verurteilten in die Tiefe gestürzt; das hatte bisher niemand überlebt.

Der Frau wurden die Augen verbunden und einer der Gerichtsdiener gab ihr den Stoß.

Das Exekutionskommando und die unvermeidlichen Zuschauer gingen wieder in die Stadt zurück. Das Leben ging weiter.

Stunden später kommt der Fischer, der Mann dieser verurteilten Frau, und geht langsam durch die Straßen der Stadt – an seiner Seite: seine Frau -! Er hatte – als ihn alle suchten – in den Klippen ein Netz ausgespannt und in diesem Netz seine Frau aufgefangen. Der Richter hat die Frau nicht mehr verurteilt.

Diese alte Geschichte, diese Novelle, will kein Loblied singen, wie gut doch der Mann ist im Unterschied zur bösen Frau. Sie ist vielmehr ein Loblied auf Gott selbst, der uns nicht fallen lässt, weil es uns liebt, auch wenn wir schuldig geworden sind. Er lässt uns nicht fallen, wie die Adler nicht ihre Jungen, wie der Töpfer nicht das Werk seiner Hände. In der Tat, wir sind in guten Händen. Diese Hände spannen ein Netz für uns auf.

Warum aber lässt der gute Gott uns leiden?

Nach diesem Kapitel über Gottes gute Hände, die die Welt und uns tragen, ist die Frage nach dem Leid in der Welt unausweichlich. Hinter der Frage nach dem Leid steckt auch die Frage nach dem Tod. Warum müssen wir sterben? Ich meine nicht den Tod von hochbetagten, ‚lebenssatten' Menschen, ich meine den Tod von Kindern und anderen Unschuldigen; ich meine noch nicht einmal den menschenverschuldeten Tod, aber was ist mit Naturkatastrophen, mit Tsunamis, Erdbeben, Vulkanausbrüchen, Unwettern, Epidemien, Coronavirus und dergleichen?

Karl Rahner ist in seinem Aufsatz: „Warum lässt uns Gott leiden?" dieser Frage nachgegangen. Seine Antwortversuche:

Das Leid als naturale Begleiterscheinung einer sich entwickelnden Welt.

Das Leid als Wirkung der kreatürlichen, schuldigen Freiheit.

Das Leid als Situation der Prüfung und Reifung.

Das Leid als Verweis auf anderes, ewiges Leben.

Schließlich münden seine Antwortversuche in der Aussage:

Die Unbegreiflichkeit des Leides ist ein Stück der Unbegreiflichkeit Gottes. „Es gibt kein seliges Licht, das die finstere Abgründigkeit des Leides erhellt, als Gott selbst. Und ihn findet man nur, wenn man liebend Ja sagt zur Unbegreiflichkeit Gottes selbst, ohne die er nicht Gott wäre...

Der Christ ist in seinem Glauben überzeugt, dass die Antwort, die er auf sein Leidproblem geben muss, nur möglich ist als durch die Gnade gegebener Mitvollzug ... der Antwort Jesu am Kreuz: ‚Vater in deine Hände empfehle ich meinen Geist'.

(K. Rahner, Warum lässt uns Gott leiden? Herder 2010)

Auch wenn wir im Tiefsten keine Antwort auf diese Frage haben, ist uns doch aufgetragen, Rechenschaft abzulegen über unseren Glauben, auch in der Frage nach dem Warum unseres Todes.

Was wir vom Evangelium her sagen können, ist, dass Jesus uns nicht das Blaue vom Himmel verspricht, nicht den Himmel auf Erden, wohl aber den Himmel nach der Erde. Wir müssen sterben, wie er selbst das Kreuz des Todes tragen, aber der Tod ist nicht das Ende, es gibt eine Vollendung. Huub Oosterhuis dichtet über unseren Tod und Jesus Christus:

„Den gleichen Weg ist unser Gott gegangen und so ist er für dich und mich das Leben selbst geworden." (Kirchenlied)

Christus ist mit uns Menschen solidarisch – im Leben wie im Tod. Erinnern wir uns an das Gedicht von Nelly Sachs (1945!):

> „Presst, o presst an der Zerstörung Tag
> An die Erde das lauschende Ohr,
> Und ihr werdet hören, durch den Schlaf hindurch
> Werdet ihr hören
> Wie im Tode
> Das Leben beginnt."

Welche Melodie erklingt, wenn wir in den Tod hineinhören? Es ist die Melodie vom Leben:

Wir wissen, dass der Tod nicht nur Ende des Lebens, dass der Tod auch Voraussetzung für Leben ist.

Wenn Milliarden Menschen nicht vor uns gestorben wären und uns auf dieser Erde Platz gemacht hätten, könnten wir heute nicht leben. Diesen Menschen und ihrem Tod sollten wir dankbar sein.

Und da ist noch der Tod so vieler Tiere und Pflanzen. Sie sterben doch auch, damit wir leben können!

Wir sollten ihnen dankbar sein.

Und schließlich ein Blick in die Geschichte des Lebens, in die Evolution: Der Tod ist der Motor der Evolution. Ohne ihn gäbe es keine Höherentwicklung. Der Tod der einen dient der Höherentwicklung von neuen Lebensformen. Der Tod dient auch hier dem Leben.

Und schließlich noch ein Beispiel für den Sinn von Katastrophen:

Bis vor 65 Millionen Jahren war die Erde u.a. bevölkert von Dinosauriern. Durch einen großen Meteoriteneinschlag auf der Halbinsel Yukatan in Mexiko wurde weltweit das Leben fast aller Dinosaurier auf einen Schlag ausgelöscht. Wenn sie gekonnt hätten, hätten sie auch Aufsätze geschrieben mit dem Titel: Warum lässt Gott uns leiden? Warum wird unsere gesamte Existenz ausgelöscht?

Heute aber wissen wir: Durch den Tod der Dinosaurier und anderer Tierarten konnten sich neue Lebensformen entwickeln, z.B. ein kleines, der Spitzmaus ähnliches Tier, ein Säugetier, die jetzt die Erde bevölkern können. Auch wir Menschen gehören dazu.

Gäbe es uns heute vielleicht nicht oder nicht so, wenn z.B. die Dinosaurier nicht vor uns und für uns gestorben wären? Das ist nur ein Beispiel für viele und bedenkenswert.

Erhard Oeser hat in seinem bemerkenswerten Buch „Katastrophen, Triebkraft der Evolution" (Primus Verlag, 2011, Darmstadt) an vielen Beispielen veranschaulicht, „dass die Evolution auch als eine Abfolge von Katastrophen begreifbar ist. So ermöglichte beispielsweise erst das Aussterben der Saurier durch eine kosmische Katastrophe die Ausbreitung der Säugetiere. Das Entsetzen, das uns beim Anblick von Massentod und Zerstörung ergreift, muss letztendlich der Einsicht weichen, dass jede Katastrophe auch der Beginn einer Erneuerung ist. […] Und was ist mit uns Menschen, wird uns das gleiche Schicksal beschieden sein wie den Dinosauriern? Denn in Anbetracht von Klima-, Seuchen- und Zivilisationskatastrophen stellt sich die Frage, ob die Menschheit nicht bereits an ihrer eigenen Ausrottung arbeitet. Wer wird uns dann evolutionär nachfolgen, die Erde bevölkern und unsere Nische besetzen?"

Aussagen und Fragen auf dem Klappentext des Buches von Oeser sind berechtigt, aber mein Glaube lässt mich doch optimistisch sein. Allerdings gilt: Der Schöpfer hat uns Verantwortungsbewusstsein und Intelligenz in die Wiege gelegt, unsere Zukunft nicht zu zerstören.

Auch sollten wir der Evolution dankbar sein und dem, der sie erfunden hat. Dankbar für das Wunder des Lebens, das auf der einen Seite Leben, auf der anderen Seite immer auch ein Sterben ist, ein Vergehen! Paulus vergleicht die Schöpfung mit dem Vorgang einer Geburt. Auf der einen Seite das neue Leben, auf der anderen Seite die Wehen: *„Denn wir wissen, dass die gesamte Schöpfung bis zum heutigen Tag seufzt und in Geburtswehen liegt."* (Röm 8,22)

Eine weitere Antwort auf die Frage nach dem Warum unseres Leidens und Sterbens kann ich nur in eine Frage kleiden:

Wenn es Leid und Tod nicht gäbe, wenn wir alle automatisch und unangefochten in ewiger Glückseligkeit existieren würden, könnte es dann Liebe geben, bräuchten wir dann überhaupt Liebe? Ist nicht gerade das Leid eine Voraussetzung für Liebe, für den Kampf gegen dieses Leid?

Jeder möge für sich eine Antwort suchen.

In Erinnerung aus meiner Jugendzeit ist mir ein Interview mit einer schon betagten Schauspielerin geblieben. Ich habe ihren Namen leider vergessen. Sie wurde nach ihrem Verhältnis zu Tod befragt und antwortete:

‚Ich freue mich jeden Morgen auf eine Tasse frisch gebrühten Kaffee.

Wenn ich wüsste, es kommen noch unendlich viele Tassen Kaffee in deinem Leben – eine ganze Ewigkeit lang, ohne Tod -, könnte ich mich dann noch über diese eine Tasse freuen?'

Jesus spricht vom Weizenkorn, das in die Erde gesenkt wird und stirbt und so - und nur so - reiche

Frucht bringt. *„Amen, amen, ich sage euch: Wenn das Weizenkorn nicht in die Erde fällt und stirbt, bleibt es allein; wenn es aber stirbt, bringt es reiche Frucht.“* (Joh 12,24)

Lassen wir noch einmal Huub Oosterhuis zu Wort kommen:

„Wer leben will wie Gott auf dieser Erde, muss sterben wie ein Weizenkorn, muss sterben, um zu leben.“ (Kirchenlied)

Ein letztes Beispiel aus der Astronomie: Auch Sterne sterben. Nicht wenige sterben in eine Supernova hinein, in einer gewaltigen Explosion, in der auch Bausteine späteren Lebens ins All hinausgeschleudert werden. Der Stern hat sie vorher in seinem Innern gebacken. Ohne diese Bausteine gäbe es kein Leben, wie wir es kennen.

Wir sollten auch den sterbenden Sternen dankbar sein.

Ein Bekenntnis zum Leben im Tod sind auch die Verse von Rainer Maria Rilke:

> Die Blätter fallen, fallen wie von weit.
> Als welkten in den Himmeln ferne Gärten;
> [...]
> Und doch ist einer, welcher dieses Fallen
> unendlich sanft in seinen Händen hält.

Im ‚Kleinen Prinzen‘ von Antoine de Saint-Exupéry lesen wir:

> »Hast du Angst vor dem Tod«, fragte der kleine Prinz die Rose. Darauf antwortete sie: »Aber nein, ich habe doch gelebt, ich

habe geblüht und meine Kräfte eingesetzt so viel ich konnte. Und Liebe, tausendfach verschenkt, kehrt wieder zurück zu dem, der sie gegeben. So will ich warten auf das neue Leben und ohne Angst und Verzagen verblühen.«

Lissabon 1755

Ein schreckliches Erbeben in Lissabon erschüttere am 1. November 1755 Europa. „Wie kann ein guter Gott so etwas zulassen?", war die Frage der Christenheit. Es war auch die Frage von Johann Wolfgang Goethe. Er hat als Kind von dieser Katastrophe erfahren. Sie beschäftigte sein kindliches Gemüt sehr. Später schreibt er dazu in Dichtung und Wahrheit:

> „Durch ein außerordentliches Weltereignis wurde jedoch die Gemütsruhe des Knaben zum ersten Mal im tiefsten erschüttert. Am ersten November 1755 ereignete sich das Erdbeben von Lissabon und verbreitete über die in Frieden und Ruhe schon eingewohnte Welt einen ungeheuren Schrecken. Eine große prächtige Residenz, zugleich Handels- und Hafenstadt, wird ungewarnt von dem furchtbarsten Unglück betroffen. Die Erde bebt und schwankt, das Meer braust auf, die Schiffe schlagen zusammen, die Häuser stürzen ein, Kirchen und Türme darüber her, der königliche Palast zum Teil

wird vom Meere verschlungen, die geborstene Erde scheint Flammen zu speien: Denn überall meldet sich Rauch und Brand in den Ruinen. Sechzigtausend Menschen, einen Augenblick zuvor noch ruhig und behaglich, gehen miteinander zugrunde, und der Glücklichste darunter ist der zu nennen, dem keine Empfindung, keine Besinnung über das Unglück mehr gestattet ist. Die Flammen wüten fort, und mit ihnen wütet eine Schar sonst verborgener, oder durch dieses Ereignis in Freiheit gesetzter Verbrecher. Die unglücklichen Übriggebliebenen sind dem Raube, dem Morde, allen Misshandlungen bloßgestellt; und so behauptet von allen Seiten die Natur ihre schrankenlose Willkür. [...] Hierauf ließen es die Gottesfürchtigen nicht an Betrachtungen, die Philosophen nicht an Trostgründen, an Strafpredigten die Geistlichkeit nicht fehlen. ... Ja vielleicht hat der Dämon des Schreckens zu keiner Zeit so schnell und so mächtig seine Schauer über die Erde verbreitet.

Der Knabe, der alles dieses wiederholt vernehmen musste, war nicht wenig betroffen. Gott, der Schöpfer und Erhalter Himmels und der Erden, den ihm die Erklärung des ersten Glaubensartikels so weise und gnädig vorstellte, hatte sich, indem er die Gerechten mit den Ungerechten gleichem Verderben preisgab, keineswegs väterlich bewiesen. Vergebens suchte das junge Gemüt sich gegen diese Eindrücke herzustellen, welches überhaupt umso weniger möglich war, als die Weisen und Schriftgelehrten selbst sich über die Art, wie man ein solches Phänomen anzusehen habe, nicht vereinigen konnten."

(J. W. Goethe, Dichtung und Wahrheit, zitiert nach Oeser, Katastrophen-Triebkraft der Evolution, Primus-Verlag 2011 Darmstadt)

Das Geheimnis des Leides in der Welt ist das Geheimnis Gottes selbst. Aber die Frage nach dem Warum des Leides hat auch Jesus Christus selbst gestellt:

Mein Gott, mein Gott, warum hast du mich verlassen?

Haben Sie noch die Stimme des Vaters bei der Taufe Jesu im Ohr:

„Dies ist mein geliebter Sohn, an ihm habe ich mein Wohlgefallen."?

Und jetzt das da. Von Gott und den Menschen verlassen, zwischen Erde und Himmel hängt er da und stirbt. Mit ausgebreiteten Armen, wie im Leben so im Sterben!

Einsamer geht es nicht!

Warum, Gott, lässt du das zu?

Bist du so unbarmherzig?

Willst du, dass man dir opfert, willst du Sühne, Bestrafung?

Ich glaube nicht, dass Gott dies will.

Dieser Jesus hat eine wunderbare Geschichte von seinem Vater im Himmel erzählt. Es ist die Geschichte des verlorenen Sohns. Dieser Sohn hat sein Erbe verprasst. Als er heruntergekommen und zerlumpt wieder nach Hause zu seinem Vater kommt, breitet der Vater seine Arme aus, er verlangt keine Wiedergutmachung, kein Sühnopfer, er straft nicht, er macht noch nicht einmal Vorhaltungen, er sagt nicht, das wirst du mir büßen; er richtet ein Fest aus für seinen Sohn, den er jetzt endlich wiederhat.

So ist Gott, sagt Jesus, ohne Strafe, ohne Sühne, ein Gott der Vergebung, ein Gott einer unendlichen, unfassbaren Liebe.

Wir kommen dem Geheimnis des Kreuzes wohl nahe, wenn wir auch hier von einer grenzenlosen, unfassbaren Liebe sprechen.

Wenn wir jetzt Gott fragen, warum müssen wir leiden, warum müssen wir sterben, dann sagt er uns: Seht, mein eigenes Kind ist auch gestorben - aus Liebe.

Alle, die leiden, können zum Kreuz aufschauen. So können wir ahnend verstehen, dass Gott doch ein Gott der Liebe ist, solidarisch mit uns im Leben und im Tod!

Corona-Virus

Während ich diese Zeilen schreibe, tobt sich der Corona-Virus in der Welt aus.

Ich habe dazu einen Brief an Bekannte und Freunde geschrieben:

„Hallo allerseits,

da stellt sich in mir die Frage nach dem Warum. Warum diese Pandemie, lieber Gott.

Warum gibt es überhaupt diese Dinger, die so viel Schaden, Leid und Tod der Menschheit bringen?

Ich forsche nach und erkundige mich bei der Wissenschaft, wie das so meine Art ist. Da werde ich fündig. Interessant, was ich da lese. Viren spielen eine wichtige Rolle in dieser wunderbaren Geschichte des Lebens, der Evolution, auf unserer Erde. Sie stehen ganz im Anfang dieser Geschichte, in der auch wir Menschen uns wiederfinden. Seit 3,8 Milliarden Jahren gibt es sie. Gäbe es uns Menschen ohne diese Viren? Nur durch die Viren sind auch wir Menschen geworden, sagt eine Wissenschaftlerin. Viren haben also auch gute Seiten, viele guten Seiten. Könnten wir auch heute leben ohne Viren? Die Hälfte unseres Erbgutes besteht aus verstümmelten Virengenen. Interessant! Ich konstatiere: Corona kann auch nur das tun, was Viren immer schon getan haben, seit es sie gibt: Langfristig dem Leben dienen. Und die Geschichte des Lebens auf diesem Planeten ist eine wunderbare Geschichte.

So schwer es auch fällt, aber sollten wir nicht selbst angesichts der Pandemie beten: „Herr, dein Wille geschehe."

Soweit zur ersten Frage, nun aber die zweite: Was sollen wir tun in dieser Situation? Als religiöser Mensch frage ich, was Gott von uns will. Da fällt mir Elisabeth von Thüringen ein. Sie hat aus allem, was ihr im Leben widerfuhr, Liebe gemacht: Der Verlust ihres Elternhauses als Kind, der Verlust ihres Mannes in jungen Jahren, der Verlust ihrer Bleibe auf der Wartburg. Elisabeth hat geliebt, weiter geliebt, tiefer geliebt. Wenn diese Pandemie, in deren Anfang wir stehen, etwas Gutes bewirkt, dann sicher doch, dass wir menschlicher, solidarischer, verantwortlicher, nachbarschaftlicher leben. Kurz, dass wir liebender werden...

In herzlicher Verbundenheit
(ohne Körperkontakt),

Ihr und Euer Günther Stein"

Ich erhielt daraufhin eine schöne Karte in meinem Postfach mit diesem Text:

Nicht alles ist abgesagt
Frühling ist nicht abgesagt

Beziehungen sind nicht abgesagt
Liebe ist nicht abgesagt
Lesen ist nicht abgesagt
Musik ist nicht abgesagt
Fantasie ist nicht abgesagt
Freundlichkeit ist nicht abgesagt
Gespräche sind nicht abgesagt
Hoffnung ist nicht abgesagt
beten ist nicht abgesagt.

Mennesket ved lite

Ich habe einmal eine Schiffsplanke im Rhein gefunden. Sie erinnerte mich an einen Besuch in Oslo. Eine ähnliche Planke habe ich einmal dort im Museum gesehen.

Diese Schiffsplanke stammt von einem Wikingerschiff. Es sind die Buchstaben eingeritzt:

„Mennesket ved lite" - Der Mensch weiß wenig.

Dieser Spruch ist mir lebendig vor Augen geblieben. Ich stelle mir die Reisen mit diesem Schiff vor. Eroberungsfahrten bis zum Ende der Welt und fast darüber hinaus – bis nach Amerika. Oder Handel mit allen wichtigen Orten der damals bekannten Welt.

Wenn jemand sich auskannte auf der Erde, dann die Wikinger. Und doch ritzte einer aus der Besatzung diese Buchstaben in die Planke: „Mennesket ved lite" - Der Mensch weiß wenig.

Welche Demut, welche Erkenntnis, wie begrenzt unser Wissen ist.

Was mag ihn dazu veranlasst haben: Die Weite des Weltmeeres, die Ahnung von unbekannten Ufern, der Blick zu den Sternen?

Ich denke an den großen Physiker Werner Heisenberg, der einmal gefragt hat:

„Wie lange muss man forschen, bis man weiß, dass man nur wenig weiß."

Die Wissenschaft erklärt Vieles, aber wer deutet uns die Welt? Warum leben wir, warum sterben wir, warum gibt es überhaupt etwas und nicht nichts? Die Grundfragen bleiben.

„Mennesket ved lite" Der Mensch weiß wenig.

Sehr ähnlich drückt diese Wahrheit der Prophet Isaias aus. Er schreibt ein Trostbuch für die Verbannten in Babylon und legt seinem Gott in den Mund:

„Meine Gedanken sind nicht eure Gedanken und eure Wege sind nicht meine Wege - Spruch des HERRN. So hoch der Himmel über der Erde ist, so hoch erhaben sind meine Wege über eure Wege und meine Gedanken über eure Gedanken."

(Jes 55,8 f)

In der Tat: Mennesket ved lite. Wir Menschen wissen wenig. Unser Wissen ist begrenzt, nicht aber unser Vertrauen, dass da einer ist, dessen Gedanken wir zwar nicht verstehen können, dessen Wege nicht unsere Wege sind. Vertrauen haben wir, dass die Welt und wir in guten Händen sind. Hierzu noch drei Stimmen:

„Das Leben ist ein gewaltiges Wunder. Wir nähern uns wissenschaftlich den Erklärungen an, aber eine Frage bleibt doch immer bestehen: Warum das alles? Hier glaube ich an Gott."

Gerhard Ertl (Chemie-Nobelpreisträger).

„Es gibt mehr, als wir in der materiellen Welt sehen oder erfassen können: Da gibt es noch was, ganz sicher sogar."

Peter Grünberg (Physik-Nobelpreisträger).

Beide im Magazin „Cicero" auf die Frage, ob sie an Gott glauben. Jürgen Habermas, 1929 in Düsseldorf geboren, ist einer der größten Philosophen unserer Zeit. Interessant ist sein Statement im Kölner Stadtanzeiger im April 2020: „So viel Wissen über unser Nichtwissen gab es noch nie."

Das Staunen wieder lernen

Es gibt so viel Staunenswertes und Wunderbares in der Welt. Die Natur ist für mich immer wieder ein Grund zum Staunen. Am Anfang des Glaubens steht das Staunen. Immer noch!

Der Biologe Prof. Wolfgang Kuhn erzählt von einem lieben alten Zoologie-Professor. Der sagte seinen Studenten: ‚Wisst ihr, was ein Biologe ist? Das ist ein Mensch, der unaufhörlich staunen kann.'

Das kann ich nach über 50 Jahren des Studiums der Biologie nur bestätigen, so Prof. Kuhn.

„Staunenswert sind deine Werke", lesen wir im Psalm 139 (Ps. 139,14)

„Zwei Dinge erfüllen das Gemüt mit Bewunderung und Ehrfurcht: der gestirnte Himmel über uns und das moralische Gesetz in uns."

(Immanuel Kant (1724-1804), deutscher Philosoph)

Eine Quelle des Glaubens ist für mich auch das Staunen über diesen Kosmos und das Leben hier auf Erden. Ich fasse noch einmal zusammen:

Über 100 Milliarden Galaxien driften seit 13,7 Milliarden Jahren auseinander. Jede Galaxie besteht im Durchschnitt aus 100 Milliarden Sternen. Neue Sterne werden geboren, alte sterben.

In ihrem Sterbeprozess schleudern sie Materie in den Weltraum. Diese Materie, Kohlenstoff zum Beispiel, wird später zum Grundbaustein des Lebens. Aus Tod wird Leben.

Dann: Die Welt ist zwar unvorstellbar groß, aber nicht ewig oder unendlich. Welt ist nicht, sie wird in Raum und Zeit. Aus einem unvorstellbar kleinen Anfang wird in knapp 14 Milliarden Jahren der unvorstellbar große Weltraum. Die Zeit läuft nicht unabhängig wie eine Stoppuhr neben der Welt, sondern der Kosmos ist Raumzeit, Raum und Zeit selbst.

Beachten müssen wir auch Folgendes:

Anschaulichkeit, Vorstellbarkeit ist kein Kriterium für Wahrheit.

Richard P. Feynman, berühmter Physiker, sagte einmal: „Ich möchte Sie davon abhalten, sich abzuwenden, nur weil Sie die Sache nicht verstehen. Meine Physikstudenten verstehen die Sache ebenfalls nicht ..., weil ich sie nicht verstehe. Niemand versteht es."

Die Evolution und der Geist in der Welt

Mein Staunen über die Intelligenz, den Geist in dieser Welt macht sich an einem kleinen Schmetterling fest. Hoimar von Ditfurth hat seinerzeit in „Der Geist fiel nicht vom Himmel" von ihm berichtet. Die Raupe des Kaiseratlas spinnt sich – wie alle Schmetterlingsraupen – zu ihrer Verpuppung ein, wenn ihre Zeit gekommen ist. Sie ‚weiß', dass Vögel sie dann für einen Festschmaus halten. Wie kann sie das verhindern? Sie tut etwas sehr ‚Intelligentes': Sie hüllt sich ein in ein Blatt, versteckt sich darin. Aber Blätter sind sehr sperrig und lassen sich kaum von einer kleinen Raupe biegen. Sie tut weiterhin etwas sehr Intelligentes: Sie knabbert den Stiel des Blattes an, so verdorrt es und krümmt sich von selbst. Da kann sie hineinkriechen und sich sicher fühlen. Aber das ist noch nicht alles. Vögel entdecken, dass in verdorrten Blättern an einem sonst grünen Baum ein Leckerbissen steckt. Was kann die kleine Raupe dagegen unternehmen? Sie tut etwas, das kann man nur als ‚hochintelligent' bezeichnen, nämlich mit geringstem Aufwand möglichst viel zu erreichen: Sie knabbert einfach ein paar weitere Blattstiele an. Deren verdorrte Blätter bleiben leer – Atrappen, Scheinziele. So verlieren die Vögel die Lust, in verdorrten Blättern nach Leckereien zu suchen. Die Raupe hat ihre Überlebenswahrscheinlichkeit sehr deutlich erhöht. Ein so geistvolles Verhalten in einer kleinen Raupe, die noch nicht einmal ein Großhirn hat, woher kommt dieser Geist in der Natur?

Sie können sagen, dass das alles angeboren ist, klar, aber dann ist eben der Geist, die Intelligenz angeboren. „Es kann also kein Zweifel daran bestehen, dass derartige Leistungen in dieser Welt sehr viel älter sind als die ältesten Gehirne", schreibt von Ditfurth.

Ist der Geist in der Welt wirklich nur an gehirnphysiologische Prozesse im Menschen gebunden? Ist nicht die Natur selbst schon höchst ‚geistvoll'?

Wunderschön beschreibt von Ditfurth diesen Gedanken am Ende von *„Der Geist fiel nicht vom Himmel"*:

„Das Gehirn hat das Denken nicht erfunden (...) So wenig, wie die Beine das Gehen erfunden haben oder die Augen das Sehen. Beine sind die Antwort der Evolution auf das Bedürfnis nach Fortbewegung auf festem Boden gewesen. Und Augen waren eine Reaktion der Entwicklung auf die Tatsache, dass die Oberfläche der Erde von einer Strahlung erfüllt ist, die von festen Gegenständen reflektiert wird. (...) So gesehen sind Augen also ein Beweis für die Existenz der Sonne. So, wie Beine ein Beweis sind für das Vorhandensein festen Bodens und ein Flügel ein Beweis für die Existenz von Luft. Deshalb dürfen wir auch vermuten, dass unser Gehirn ein Beweis ist für die reale Existenz einer von der materiellen Ebene unabhängigen Dimension des Geistes." (Quelle im Internet, „Der Blog der großen Fragen")

Leider bin ich kein Biologe, aber ich bin sicher, dass es noch viel mehr Beispiele für geistvolles Verhalten in der Welt gibt. Für mich ist die Evolution, wie sie in Mutation und Selektion, in Anpassung, im ‚struggle for live' geschieht, ein Wunder.

Es gilt, dass es im Verhältnis von Religion und Naturwissenschaft keine Grenzüberschreitungen geben darf, wie etwa die Kirche im Prozess gegen Galilei ihre Grenze überschritten hat oder in den Veröffentlichungen von Dawkins (z.B. in „Der Gotteswahn") Grenzüberschreitungen stattfinden.

Noch einmal: Naturwissenschaft fragt nach dem „Wie", hier sollte Gott kein Lückenbüßer sein. Auf die Fragen nach dem „Wie etwas ist, wie etwas geschieht" kann die Antwort nicht „Gott" sein. Gott kann nicht Ergebnis einer mathematischen Operation sein. Der staunende Mensch aber fragt weiter, er fragt nach dem „Warum". Warum ist die Welt so, dass wir sie in mathematischen Gleichungen beschreiben können? Warum gibt es überhaupt Naturgesetze? Warum sind die Naturkonstanten so fein abgestimmt, dass es die Welt und uns geben kann? Fragen führen uns weiter, in der Wissenschaft und im Glauben.

Eine weitere Stimme dazu:

Der deutsche Astrophysiker Prof. Dr. Heino Falcke erhielt den höchsten niederländischen Wissenschaftspreis, und vor einem Jahr wurde er zum „Ritter im Orden vom niederländischen Löwen" ernannt. Falcke ist gläubiger Christ und sagt im Interview, dass Glaube und Naturwissenschaft für ihn ganz natürlich zusammenpassen.

Es ist ihm jüngst mit anderen zusammen die erste radioastronomische Aufnahme eines Schwarzen Lochs gelungen. Das ging durch die Weltpresse.

In einem Interview sagte er:

„Zwischen Naturwissenschaft und Glauben gibt es keinen Widerspruch. Man muss sich durchfragen, nicht nur stehenbleiben bei dem, was wir hier auf der Erde sehen. Durchfragen: Wo kommt das alles her, was steht dahinter? Ich frag mich manchmal: Wie kann man Wissenschaftler sein und nicht gläubig sein? Wenn man sich durchfragt und immer weiter geht, muss man doch irgendwann zu Gott kommen, dem Ursprung von allem.

Es ist nicht immer leicht. Zweifel gehören zur Naturwissenschaft und zum Glauben. Wissenschaft muss die Suche nach Wahrheit sein. Das muss uns leiten. Und als Christen lassen wir uns leiten durch die Wahrheit Gottes. Wir brauchen keine Angst zu haben, dass unsere geistlichen Wahrheiten, die wir vor tausend, vor zweitausend Jahren gefunden haben, völlig verschwinden werden. Wenn es wahr ist, dann bleibt es bestehen. Naturgesetze sind beständig, immer da. Genauso ist Gott, er ist immer da."

Psalm 139

Ein ganz besonderes Gebet des Staunens und der Dankbarkeit ist der 139. Psalm:

> Leben in Gottes Allgegenwart
>
> [Für den Chormeister. Von David. Ein Psalm.]
>
> HERR, du hast mich erforscht und kennst mich.
>
> Ob ich sitze oder stehe, du kennst mich. Du durchschaust meine Gedanken von fern.
>
> Ob ich gehe oder ruhe, du hast es gemessen. Du bist vertraut mit all meinen Wegen.
>
> Ja, noch nicht ist das Wort auf meiner Zunge, siehe, HERR, da hast du es schon völlig erkannt.
>
> Von hinten und von vorn hast du mich umschlossen, hast auf mich deine Hand gelegt.
>
> Zu wunderbar ist für mich dieses Wissen, zu hoch, ich kann es nicht begreifen.
>
> Wohin kann ich gehen vor deinem Geist, wohin vor deinem Angesicht fliehen?
>
> Wenn ich hinaufstiege zum Himmel - dort bist du; wenn ich mich lagerte in der Unterwelt - siehe, da bist du.

Nähme ich die Flügel des Morgenrots, ließe ich mich nieder am Ende des Meeres,

auch dort würde deine Hand mich leiten und deine Rechte mich ergreifen.

Würde ich sagen: Finsternis soll mich verschlingen und das Licht um mich soll Nacht sein!

Auch die Finsternis ist nicht finster vor dir, die Nacht leuchtet wie der Tag, wie das Licht wird die Finsternis.

Du selbst hast mein Innerstes geschaffen, hast mich gewoben im Schoß meiner Mutter.

Ich danke dir, dass ich so staunenswert und wunderbar gestaltet bin. Ich weiß es genau: Wunderbar sind deine Werke.

Dir waren meine Glieder nicht verborgen, als ich gemacht wurde im Verborgenen, gewirkt in den Tiefen der Erde.

Als ich noch gestaltlos war, sahen mich bereits deine Augen. In deinem Buch sind sie alle verzeichnet: die Tage, die schon geformt waren, als noch keiner von ihnen da war.

Wie kostbar sind mir deine Gedanken, Gott! Wie gewaltig ist ihre Summe!

Wollte ich sie zählen, sie sind zahlreicher als der Sand. Ich erwache und noch immer bin ich bei dir.

DIE HOFFNUNG

Dürfen wir Hoffnung haben oder zu was dient alles Werden in der Natur?
„Die Entdeckung der Evolution schließt die Einsicht ein, dass unsere Gegenwart mit absoluter Sicherheit nicht das Ende oder gar das Ziel der Entwicklung sein kann." (Hoimar von Ditfurth)
Die Evolution, das Leben, die Liebe haben Zukunft. Ein Gedankenexperiment: Wenn man die ersten Lebewesen im Urmeer gefragt hätte, ob sie sich vorstellen könnten, dass es einmal Lebewesen an Land und in der Luft geben werde, dass es einmal Menschen geben werde mit Verstand und Phantasie, sie hätten geantwortet: ‚Das können wir uns mit dem besten Willen nicht vorstellen. Wir glauben nur, was wir uns vorstellen können!'
Aber kann, muss es nicht mehr geben, als unser kleiner Verstand sich vorstellen kann?

Klopfzeichen

Wir sehen die Zukunft zwar noch nicht, können sie uns auch kaum vorstellen, aber so eine Art Klopfzeichen können wir vielleicht doch wahrnehmen. Sie künden uns, dass da jemand ist, dass wir in Verbindung stehen, dass wir nicht allein sind, dass einer kommen wird, dass das neue Leben unterwegs ist. Dazu einige Klopfzeichengeschichten:

In „Sternstunden der Menschheit" erzählt Stefan Zweig packend, wie am 28. Juli 1858 ein bis dahin völlig unbekannter Mann namens Cyrus W. Field gleichzeitig zum Nationalhelden Europas und Amerikas wurde. Es war ihm gelungen - nach mehreren Fehlversuchen - die alte und die neue Welt mit einem Kabel zu verbinden. So konnten zum ersten Mal Nachrichten – Klopfzeichen - in Sekundenschnelle den Atlantik überqueren. Die Queen schickte das erste Grußwort. Die Zeitungen sprachen auf den Titelseiten von der Vermählung der alten mit der neuen Welt. Everybody crazy with joy - Es gab überschwängliche Triumphzüge, man war nicht mehr allein, die Morsezeichen, die Klopfzeichen sind angekommen - über tausende Kilometer hinweg. Welch ein Jubel.

Klopfzeichen machten noch einmal Schlagzeilen 1963 beim „Wunder von Lengede". Klopfzeichen - Lebenszeichen – Hoffnungszeichen für verschüttete Bergleute, so titelten die Zeitungen. Welche Freude – wir sind nicht mehr allein in der Tiefe der Erde – Rettung naht. Wir haben eine Zukunft!

Oder, ein drittes Beispiel für Klopfzeichen: Was mag eine Mutter empfinden, wenn sie die ersten Klopfzeichen des Kindes in ihrem Schoß wahrnimmt? Es ist jemand da, jemand unterwegs!

Sei doch mal still und höre! *„Seht, ich verkünde Euch eine große Freude!"*, „Everybody crazy with joy."

Wenn Sie so wollen, die ganze Botschaft der Bibel ist ein solches Klopfzeichen.

Der Teppich

Von der Hoffnung, dass unser Leben und Sterben einen tiefen Sinn ergibt, den wir noch nicht vollends kennen, aber ahnen können, erzählt auch der amerikanische Schriftsteller Thornton Wilder (1897 – 1975). In seinem Ersten Buch „Die Brücke von San Luis Rey" erzählt er, wie durch den Absturz einer Brücke Menschen in den Tod gerissen werden. Ein Ordensmann versucht nun, mit wissenschaftlichen Methoden herauszufinden, ob das Sterben dieser Menschen in diesem Augenblick einen Sinn ergeben könnte. Er findet keine plausible Antwort.

In seinem letzten Buch, „Der achte Schöpfungstag", erzählt er von einem jungen Mann, dem seine Frau im Kindbett gestorben war. Dieser junge Mann kommt voller Verzweiflung zu seinem Seelsorger. Der empfängt ihn und bittet ihn in sein Wohnzimmer. Dann sagt er dem jungen Mann ganz unvermittelt, er möge doch einmal den Teppich auf dem Boden seines Zimmers auf die Rückseite, die andere Seite legen.

Der junge Mann ist ganz erstaunt, er dreht den Teppich um. Es ist ein sehr schöner, handgeknüpfter indianischer Teppich, und nun sieht man auf der Rückseite nur ein wirres Durcheinander von Farben, Fäden und Knoten. Man kann nicht erkennen, warum hier die Farbe wechselt, warum es neben den frohen, hellen Farben auch die dunklen und schweren Farben gibt, warum der eine Faden von dort bis dort gespannt ist, warum es Knoten gibt. Das Ganze ergibt doch erst ein Bild, einen Sinn, wenn man die richtige Seite, die Vorderseite des Teppichs anschaut. Einmal werden wir alle den Teppich unseres Lebens von der richtigen, der endgültigen Seite anschauen können.

Vertraut den neuen Wegen

Ein altes, vertrautes evangelisches Kirchenlied. 1989, wenige Wochen vor der Maueröffnung schreibt Klaus Peter Hertzsch in der (Noch-) DDR neue Verse zur Hochzeit seiner Patentochter.
Jede Strophe singt von Hoffnung, von Vertrauen in die Zukunft Gottes, in das gelobte Land. Es ist auch ‚mein' Lied:

> 1. Vertraut den neuen Wegen,
> auf die der Herr uns weist,
> weil Leben heißt: sich regen,
> weil Leben wandern heißt.
> Seit leuchtend Gottes Bogen
> am hohen Himmel stand,

sind Menschen ausgezogen
in das gelobte Land.

2. Vertraut den neuen Wegen
und wandert in die Zeit!
Gott will, dass ihr ein Segen
für seine Erde seid.
Der uns in frühen Zeiten
das Leben eingehaucht,
der wird uns dahin leiten,
wo er uns will und braucht.

3. Vertraut den neuen Wegen,
auf die uns Gott gesandt!
Er selbst kommt uns entgegen.
Die Zukunft ist sein Land.
Wer aufbricht, der kann hoffen
in Zeit und Ewigkeit.
Die Tore stehen offen.
Das Land ist hell und weit.

Es gibt einen Plan für die Zukunft, den Gott auch
durch mich verwirklichen möchte.
Tojohiko Kagawa aus Japan dichtet:
Neue Dinge erfinden, ich kann es nicht,
etwa Flugzeuge,
die auf silbernen Flügeln dahinsegeln.
Aber heute in der Frühe -
da wurde mir ein Gedanke geschenkt,
ein wunderbarer Gedanke,

und die abgeschabten Stellen meines Ge-
wandes,
die wurden auf einmal schön
leuchtend von einem Licht,
das vom Himmel fiel,
wie Gold und Silber so hell
und wie Bronze,
Lichter aus himmlischen Fenstern.
Der Gedanke war der,
dass ein geheimer Plan
verborgen ist in meiner Hand,
dass meine Hand groß ist,
groß um des Planes willen.
Dass Gott, wohnend in meiner Hand,
den geheimen Plan kennt,
den Plan von dem,
was er tun will für die Welt
durch meine Hand.

Der neue Himmel und die neue Erde

Für mich mit das schönste, das hoffnungsvollste
Bild der Heiligen Schrift. Welt, meine Welt, ich
selbst werden vergehen, aber das Ende ist in Wirklichkeit Vollendung, im Vergehen wird alles neu
werden:

> *Und ich sah einen neuen Himmel und eine
> neue Erde; denn der erste Himmel und die
> erste Erde sind vergangen, und das Meer ist
> nicht mehr. Und ich sah die heilige Stadt, das*

neue Jerusalem, von Gott aus dem Himmel herabkommen, bereitet wie eine geschmückte Braut für ihren Mann. Und ich hörte eine große Stimme von dem Thron her, die sprach: Siehe da, die Hütte Gottes bei den Menschen! Und er wird bei ihnen wohnen, und sie werden seine Völker sein, und er selbst, Gott mit ihnen, wird ihr Gott sein; und Gott wird abwischen alle Tränen von ihren Augen, und der Tod wird nicht mehr sein, noch Leid noch Geschrei noch Schmerz wird mehr sein; denn das Erste ist vergangen. Und der auf dem Thron saß, sprach: Siehe, ich mache alles neu! (Offenbarung 21,1 ff)

Sehr eindrucksvoll ist auch der Schlussgedanke von Arnold Benz in seinem Buch „Die Zukunft des Universums" (Patmos 1997):

Jesus sagt:
Ich bin das wahre Neue.
Wer auf mich vertraut,
hat Teil am Sinn des Ganzen
trotz Verfall und Tod,
auch wenn die Sonne verglühen,
die Erde sich im Raum verirren
und das Universum zerstrahlen wird.

DIE LIEBE

Das größte aber ist die Liebe. (1 KOR 13,13)
Und wenn ich prophetisch reden könnte und wüsste alle Geheimnisse und alle Erkenntnis und hätte allen Glauben, sodass ich Berge versetzen könnte, und hätte der Liebe nicht, so wäre ich nichts. (1 Kor 13,2)

Jesus Christus

Wenn wir von der Liebe reden, müssen wir zuerst von Jesus Christus reden. „Er starb, wie er lebte, und lebt, wie er starb: mit ausgebreiteten Armen." Lothar Zenetti schreibt über ihn:

> „Der, von dem ich erzählen will, wurde geboren in Armut und starb, noch jung, mit ausgebreiteten Armen am Kreuz einen schrecklichen Tod. Warum, worin bestand seine Schuld? Oder anders gefragt: Wem war er im Weg? Er raubte kein Geld, kein Land, stürzte keinen vom Thron, zog nicht in den Krieg, schrieb nicht einmal Bücher.
> Der Ort, wo er aufwuchs wie andere auch, war ohne Bedeutung: ein Nest in den Bergen am Rande des riesigen römischen Reiches. Er lernte ein Handwerk, zimmerte Möbel, bis er die Werkstatt verließ und sein Dorf und umherzog im Land, das Wort auszusäen.

Er sah, wie man weiß, weder Rom noch Athen. Aber er sah seinen Vater im Himmel und sah auf der Erde die Menschen im Dunkel und lehrte sie sehn mit anderen Augen. Er heilte die Kranken, rief Tote ins Leben. So zog er umher und warb um die Herzen und sprach von der Liebe, dem Königreich Gottes.

Er starb, wie er lebte, und lebt, wie er starb: mit ausgebreiteten Armen."

„Erschienen ist die Güte und Menschenfreundlichkeit unseres Retters", so lesen wir im ersten Titusbrief. (Tit 3,4) Damit ist schon ganz Wesentliches über Jesus gesagt.

Wer er war

Im Johannesevangelium wird das wunderbar dargestellt durch die sieben „Ich bin" Worte Jesu. „Ich bin" ist schon der Name Gottes seit Moses und dem brennenden Dornbusch, nun siebenmal moduliert in verschiedenen Tönen, Farben, Bildern und Gleichnissen:

„Ich bin das Licht der Welt, wer mir nachfolgt, wird nicht in Finsternis wandeln, sondern das Licht des Lebens haben." (Joh 8,12).

„Ich bin die Tür, wer durch mich eintritt, wird gerettet werden." (Joh 10,9).

„Ich bin die Auferstehung und das Leben, wer an mich glaubt, wird leben, auch wenn er stirbt." (Joh 11,25).

„Ich bin der Weinstock, ihr seid die Reben, wer in mir bleibt, und in wem ich bleibe, der bringt reiche Frucht." (Joh 15,5).

„Ich bin der gute Hirte." (Joh 10,11)

„Ich bin das lebendige Brot." (Joh 6,35)

„Ich bin der Weg, die Wahrheit und das Leben." (Joh 14,6)

Damit ist in Bildworten beschrieben, wer er für uns war und ist.

Warum er war

Wozu er gekommen ist, steht in Nebensätzen des Evangeliums, die aber durchaus nicht nebensächlich sind: die „Damit"- Worte aus dem hohenpriesterlichen Gebet, den Abschiedsreden Jesu (Joh 17):

Vers 1	*damit der Sohn dich verherrlicht.*
Vers 2	*damit er allen, die du ihm gegeben hast, ewiges Leben schenkt.*
Vers 11	*damit sie eins sind wie wir.*
Vers 12	*damit sich die Schrift erfüllte.*
Vers 13	*damit sie meine Freude in Fülle in sich haben.*
Vers 19	*damit auch sie in der Wahrheit geheiligt sind.*
Vers 21	*damit die Welt glaubt, dass du mich gesandt hast.*
Vers 22	*damit sie eins sind, wie wir eins sind.*

| Vers 23 | *damit die Welt erkennt, dass du mich gesandt hast und sie ebenso geliebt hast, wie du mich geliebt hast.* |
| Vers 26 | *damit die Liebe, mit der du mich geliebt hast, in ihnen ist und ich in ihnen bin.* |

Kann man nicht Leben und Wirken Jesu in diesem einen Satz zusammenfassen: Er starb, wie er lebte, mit ausgebreiteten Armen.

In einem modernen Kirchenlied singen wir: „Einer hat uns angesteckt mit der Flamme der Liebe!" In der Tat, er steckt immer noch an.

Seine Fragen an uns

Was ihn bewegte, was er für uns tun möchte, wird deutlich in den Fragen, die er uns stellt:

Was soll ich dir tun? (Mk 10,51), fragt er den blinden Bettler.

Was sucht ihr? (Joh 1,38), fragt er die Jünger.

Für wen haltet ihr mich? (Mk 8,29), fragt er die Jünger.

Du Kleingläubiger, warum hast du gezweifelt? (Mt 14,31), seine Frage an Petrus.

Warum habt ihr solche Angst? (Mk 4,40), eine weitere Frage an die Jünger im Boot.

Was meinst du: Wer von diesen dreien hat sich als der Nächste dessen erwiesen, der von den Räubern überfallen wurde? (Lk 10,36), seine Frage an den Gesetzeslehrer.

Ist denn keiner umgekehrt, um Gott zu ehren, außer diesem Fremden? (Lk 17,18), seine Frage an die Zuhörer.

Warum siehst du den Splitter im Auge deines Bruders, aber den Balken in deinem eigenen Auge bemerkst du nicht? (Lk 6,41), seine Frage an uns.

Wollt auch ihr weggehen? (Joh 6,67), seine Frage an die Jünger.

Begreift ihr, was ich an euch getan habe? (Joh 13,12), seine Frage an die Jünger nach der Fußwaschung.

Könnt ihr den Kelch trinken, den ich trinke? (Mk 10,38), seine Frage an seine Jünger vor seinem Kreuzweg.

Konntest du nicht eine Stunde wachen? (Mk 14,37), seine Frage an Petrus.

Meine Kinder, habt ihr nicht etwas zu essen? (Joh 21,5), seine Frage an die Jünger nach seiner Auferstehung.

Liebst du mich? (Joh 21,17), seine Frage an Petrus.

Mein Gott, mein Gott, warum hast du mich verlassen? (Mk 15,34), seine Frage an Gott.

(Zusammenstellung nach Johannes Bours, Da fragte Jesus ihn, Herder 1983)

Zu wem er sprach

Das können wir im Matthäusevangelium nachlesen:

> Als Jesus die vielen Menschen sah, stieg er auf den Berg. Er setzte sich und seine Jünger traten zu ihm. Und er öffnete seinen Mund, er lehrte sie und sprach:
> Selig, die arm sind vor Gott; denn ihnen gehört das Himmelreich. Selig die Trauernden; denn sie werden getröstet werden. Selig die Sanftmütigen; denn sie werden das Land erben. Selig, die hungern und dürsten nach der Gerechtigkeit; denn sie werden gesättigt werden. Selig die Barmherzigen; denn sie werden Erbarmen finden. Selig, die rein sind im Herzen; denn sie werden Gott schauen. Selig, die Frieden stiften; denn sie werden Kinder Gottes genannt werden. Selig, die verfolgt werden um der Gerechtigkeit willen; denn ihnen gehört das Himmelreich. Selig seid ihr, wenn man euch schmäht und verfolgt und alles Böse über euch redet um meinetwillen. Freut euch und jubelt: Denn euer Lohn wird groß sein im Himmel. (Mt 5,1 ff)

Matthäus verlegt diese große Rede Jesu auf einen Berg, Lukas in die Ebene, auf ein Feld. Für beide Evangelisten ist es eine Rede, die nicht nur an wenige Auserwählte adressiert ist, sondern an eine große Menschenmenge, Menschen also wie du und ich. Das entscheidende Wort, um das es geht, ist

,makarios', es meint nicht nur ,selig', es meint auch ,glücklich'.

Der englische Philosoph G. K. Chesterton schreibt über die Bergpredigt von Jesus: „Liest man die Bergpredigt zum ersten Mal, hat man den Eindruck, dass alles auf den Kopf gestellt wird. Beim zweiten Mal entdeckt man, dass alles genau richtigherum gestellt wird. Zuerst denkt man, ein derartiges Leben sei unmöglich, um dann festzustellen, dass nichts anderes möglich ist." Wer Gott und das Leben sucht - wer also das Glück sucht -, kommt an diesen Worten von Jesus nicht vorbei.

Die Seligpreisungen dieser Welt sehen anders aus: Glücklich die Reichen, denn sie können in Sicherheit und Sorglosigkeit ihr Leben genießen. Glücklich die Gesunden, denn sie können in der Kraft ihres Körpers tun, was sie wollen. Glücklich, die in der Ersten Welt leben, denn sie können sich jederzeit am Überfluss bedienen. Glücklich die Starken, denn sie können sich mit ihren Ideen und Wünschen gegen andere durchsetzen. Aber sind solche Menschen wirklich die Glücklichen?

Auf den Punkt gebracht hat es der bekannte Psychoanalytiker Erich Fromm: Das Sein ist wichtiger als das Haben. Das Sein macht uns glücklich, nicht das Haben.

Das kann man auch als Quintessens der Seligpreisungen Jesu bezeichnen.

Wer ist in den Augen Gottes – in den Augen Jesu - der Selige, also der Glückliche, der sein Lebensziel

– das Leben in Fülle – erreichen wird? Es sind die Armen, die Trauernden, die Gewaltlosen, die Gerechten, die Barmherzigen, die Ehrlichen, die Friedlichen und die Verfolgten. Ihnen, nicht denjenigen, deren Herz von Sorgen um Besitz oder Macht zerfressen ist, wird verkündet: *„Freut euch und jubelt, euer Lohn im Himmel wird groß sein!"* Um es noch einmal mit Erich Fromm zu sagen: Das Sein macht glücklich, nicht das Haben. Im Himmel werden wir einmal alles sein und dabei nichts mehr haben. Das wird uns glücklich machen, selig, weil die Liebe allein uns glücklich macht.

Papst Franziskus predigt bei einem ökumenischen Treffen in Malmö:

Die Seligpreisungen seien "in gewisser Weise der Personalausweis des Christen, der ihn als Anhänger Jesu ausweist".

Es geht Gott doch einzig darum, dass wir glücklich sind und selig werden.

Fassen wir zusammen: Jesus Christus, wer er war, warum er war, welche Fragen er an uns hat, an wen er sich gewendet hat:

Menschgewordene Liebe, gekommen, damit die Liebe in uns ist und mit der Frage an uns alle: Liebst du mich?

Wenn er wiederkommt

Wenn er einst wiederkommt, wird es um Liebe gehen, ums nichts anderes:

(Mt 25,34 ff)

Dann wird der König denen zu seiner Rechten sagen: Kommt her, die ihr von meinem Vater gesegnet seid, empfangt das Reich als Erbe, das seit der Erschaffung der Welt für euch bestimmt ist! Denn ich war hungrig und ihr habt mir zu essen gegeben; ich war durstig und ihr habt mir zu trinken gegeben; ich war fremd und ihr habt mich aufgenommen; ich war nackt und ihr habt mir Kleidung gegeben; ich war krank und ihr habt mich besucht; ich war im Gefängnis und ihr seid zu mir gekommen. Dann werden ihm die Gerechten antworten und sagen: Herr, wann haben wir dich hungrig gesehen und dir zu essen gegeben oder durstig und dir zu trinken gegeben? Und wann haben wir dich fremd gesehen und aufgenommen oder nackt und dir Kleidung gegeben? Und wann haben wir dich krank oder im Gefängnis gesehen und sind zu dir gekommen? Darauf wird der König ihnen antworten: Amen, ich sage euch: Was ihr für einen meiner geringsten Brüder getan habt, das habt ihr mir getan.

Die Liebe, die Sprache des Menschen, vom Säuglingsalter an

Friedrich II. lebte im 13. Jahrhundert und war ein weltoffener, liberaler Kaiser und den Wissenschaften sehr verbunden. Er widersetzte sich lange dem

Wunsch des Papstes, an einem Kreuzzug teilzunehmen. Statt Krieg im Heiligen Land zu führen, setzte er auf Verhandlungen. So weit, so gut, aber eine Entscheidung ist von ihm überliefert, die war wirklich nicht gut:

Die Gelehrten in seinem Reich stritten über die Frage, was wohl die Ursprache der Menschheit gewesen sei: Die Sprache der Bibel, das Hebräische, das Altgriechische, das Lateinische? Der Kaiser schlug ein Experiment vor: Neugeborene Kinder sollten zwar gut versorgt werden, es dürfe ihnen an nichts fehlen, aber niemand dürfe mit den Kindern ein Wort reden, sie auch nicht liebkosen. Dann werden die Kinder in der Ursprache der Menschheit zu reden beginnen. Leider hat man dieses Experiment dann auch auf Befehl des Kaisers gemacht. Das Ergebnis war niederschmetternd: Der Chronist schreibt: „Sie vermochten nicht zu leben ohne das Händepatschen und das fröhliche Gesichterschneiden und die Koseworte ihrer Ammen."

Gott sei Dank hat man dieses Experiment nicht mehr wiederholt.

Wir gehen ein, unsere Seele stirbt, dann in Folge auch unser Körper, ohne Zuwendung, wenn wir nicht angesprochen werden, wenn niemand uns zeigt, dass es gut ist, dass wir da sind. Liebe, was sonst, ist die Ursprache der Menschheit.

Die Rose

Wovon wir Menschen in Wirklichkeit leben.

Der Dichter Rainer Maria Rilke geht mit seiner Freundin durch die Straßen der Stadt Paris spazieren. An einer Ecke sitzt eine Bettlerin. Sie schaut kaum auf, wenn ihr jemand eine Münze in die Schachtel wirft. Ganz in sich versunken sitzt sie da. Die Freundin wirft auch eine Münze in die Schachtel.

„Und Du, sagt sie, gibst du ihr nichts?"

„Warte", sagt der und geht in einen Blumenladen in der Nähe. Er holt eine wunderschöne Rose, die legt er der Frau in den Schoß.

Jetzt schaut die Frau auf, nimmt die Rose, riecht daran, steht auf, vergisst fast ihre Schachtel und geht stolz – mit ihrer Rose – davon.

Am nächsten Tag sitzt sie nicht mehr an ihrer Straßenecke, auch am übernächsten Tag nicht mehr. Erst dann sitzt sie wieder an der alten Stelle. Der Dichter kommt mit seiner Freundin vorbei.

„Wovon mag sie gelebt haben, die letzten Tage?", fragt die Freundin?

„Von der Rose", sagt der Dichter.

Es ist ein wunderschönes Versprechen, dass sich Eheleute bei ihrer Trauung geben. Sie versprechen sich, von der Rose zu leben:

Vor Gottes Angesicht nehme ich dich an. Ich verspreche dir die Treue, in guten und bösen Tagen,

in Gesundheit und Krankheit. Ich will dich lieben, achten und ehren alle Tage meines Lebens.
Oft wird dazu die biblische Botschaft verkündet: *„Die Liebe erträgt alles, glaubt alles, hofft alles, hält allem Stand."* (1 Kor 13)
Gestehen wir es uns: Von der Rose leben wir doch alle. Hilde Domin dichtet:

> Meine Hand
> greift nach einem Halt und findet
> nur eine Rose als Stütze.

Der Gletscherhahnenfuß oder das Klima der Liebe.

Liebe schafft ein Mikroklima auch in Frost und Eis. Kennen Sie den Gletscherhahnenfuß? Der Innsbrucker Altbischof Reinhold Stecher hat diese unscheinbare Pflanze in seinem jüngsten Buch beschrieben.

Die kleine Blume lebt in einer Region, in die sich kaum eine andere Pflanze traut. Auch nicht die berühmten Stars der Alpenwelt, wie Edelweiß, Enzian oder Alpenrose. In einer Höhe von drei- bis viertausend Metern wächst sie, gedeiht sie, blüht sie. Wie kann dieser Gletscherhahnenfuß in diesem im Winter wie Sommer eisigen, unwirtlichen, lebensfeindlichen Klima überleben - sogar drei Jahre oder länger - von Schnee bedeckt?

Was ist das Geheimnis dieses biologischen Wunders? Die Forscher haben es entdeckt.

Auch wenn das Großklima sehr ungünstig und rau ist, die Pflanze nützt und schafft sich ein Kleinklima zwischen Geröll, in feinen Felsrissen und unter Steinen. In diesem engsten Bereich können sich sogar tropische Wärmewerte entwickeln. Das Großklima kriegt den Gletscherhahnenfuß nicht klein.

Er ist ein Trotzdemblüher im Kleinklima!

Auch wenn das Großklima unserer Gesellschaft alles andere als günstig, lebensfreundlich ist, auch wenn uns da manch eisiger Wind entgegenbläst, es kommt auf das Kleinklima an: Die Liebe schafft ein Kleinklima in Nachbarschaft, Familie und Gemeinde. Das Klima der Liebe macht uns zu Trotzdemblühern.

Das Kleinklima der Liebe hilft zu leben, zu überleben, auch bei Eis und Frost.

Dem Weg der Liebe folgen

Das Thema der Liebe, auch das der uns in Jesus Christus geschenkten Liebe, ist unerschöpflich. Nun noch ein Beispiel für viele aus der Literatur:

Der Schriftsteller Edzard Schaper greift dieses Thema in seinem Roman „Der vierte König" auf. Ursprünglich, so erzählt diese Legende, machten sich vier Könige, nicht deren drei, auf den Weg, den ihnen der Stern wies. Der vierte König trug drei kostbare Edelsteine als Geschenk mit sich. Die Freude, den Stern zu sehen, brannte auch in ihm, die Vorfreude auf den neugeborenen König aller Könige. Er reitet als letzter, ganz in seinen Wunschtraum versunken.

Unterwegs trifft er Menschen, denen er seine ganze Liebe schenkt.

Da ist ein Waisenkind, ihm gehört sein erster Edelstein, da ist eine verarmte Witwe, ihr gehört der zweite Edelstein, da sind Opfer von Krieg und Gewalt, für sie ist der dritte Edelstein.

Obwohl er selbst jetzt nichts mehr besitzt, ist er doch weiter bereit, zu helfen, wo er kann. Er trägt einer alten Frau die zu schwere Last, er pflegt Kranke und springt schließlich für einen Sklaven ein, der auf eine Galeere als Ruderknecht verkauft werden soll. Er schenkt sich selbst. Die Jahre vergehen. Als man ihn endlich entlässt, ist er alt und grau geworden.

Eines Tages träumt er von seinem Stern, dem zu folgen er als junger Mann aufgebrochen war. Er bricht noch einmal in seinem Leben auf und kommt in eine Stadt. Eine Menschenmasse strömt vor die Tore, um einer Hinrichtung beizuwohnen. Er wird mitgerissen.

Da sieht er seinen Stern wieder, den Stern seiner Jugend. Über dem mittleren Kreuz ist er - leuchtend und klar - stehen geblieben.

Da trifft ihn auch der Blick des Gekreuzigten. „Du guter und getreuer Knecht", hört er ihn in seinem Herzen sagen,

„Du guter und getreuer Knecht, geh ein in die Freude deines Herrn!"

„Heute noch wirst du mit mir im Paradiese sein!"

Indem er stirbt und seine Augen schließt, sieht er seinen Stern, den Stern, der ihm nun den Weg ins Paradies weist. Er hat sein Ziel erreicht, zu dem hin er sein Leben lang unterwegs war.

„Du guter und getreuer Knecht, geh ein in die Freude deines Herrn."

„Heute noch wirst du mit mir im Paradiese sein!", werden wir dieses Wort auch einmal hören?

Lebenszeugnisse für die Liebe

Leuchtende Beispiele für ein Leben in Liebe finden wir nicht nur in der Literatur, auch im wirklichen Leben. Viele, die ihr Leben in großer Liebe gelebt haben und leben, sind mir als Seelsorger begegnet. Sie waren mir immer ein großes Vorbild. Wir alle kennen und schätzen sie. Viele, die vor uns gelebt haben in der Menschheitsgeschichte und in der Geschichte der Kirche, sind uns mit einem guten Beispiel vorausgegangen. Ich kann hier nur wenige nennen. Es sind meine persönlichen Vorbilder.

Martin Luther King

Der Friedensnobelpreisträger Martin Luther King war ein US-amerikanischer Baptistenpastor und Bürgerrechtler. Er gilt als einer der herausragendsten Vertreter im gewaltfreien Kampf gegen

Unterdrückung und soziale Ungerechtigkeit. Am 4. April 1968 wurde er in Memphis ermordet. Er schrieb einmal seinen Anhängern:

„Unseren Gegnern sagen wir: Unsere Leidenskraft ist ebenso groß wie eure Macht, uns Leiden zuzufügen. Tut mit uns, was ihr wollt, wir werden euch trotzdem lieben. Wir können euren ungerechten Gesetzen nicht mit gutem Gewissen gehorchen, denn wir sind nicht nur verpflichtet, zum Guten zu wirken, sondern auch die Zusammenarbeit mit dem Bösen zu verweigern. Werft uns ins Gefängnis, wir werden euch trotzdem lieben. Werft Bomben in unsere Häuser, bedroht unsere Kinder, wir werden euch trotzdem lieben."

Folgende Grundsätze für seinen gewaltlosen Kampf hat er einmal aufgestellt:

Wir gehen wie Lämmer unter die Wölfe; wenn wir wie Wölfe die Wölfe besiegten, dann haben sie uns besiegt.

Wir wissen, dass wir, um eine Revolution zu gewinnen, durch Ströme von Blut hindurch gehen müssen; wir wollen dafür sorgen, dass nie das Blut der anderen fließt.

Am Ende unseres Kampfes wird es keine Sieger und Besiegte, sondern nur Versöhnte geben.

Ich nenne gerne auch Gegenbeispiele:

"Wir kommen nicht als Freunde, auch nicht als Neutrale. Wir kommen als Feinde! Wie der Wolf in die Schafsherde einbricht, so kommen wir." Joseph Goebbels, 1928

"Wir müssen uns entscheiden, ob wir Schafe oder Wölfe sein wollen. Und wir entscheiden uns dafür, Wölfe zu sein." Björn Höcke, 2018

Roger Peronneau

Ein weiteres Zeugnis für eine unbedingte Liebe: Der 21-jährige französische Student Roger Peronneau war 1942 von den Nationalsozialisten zum Tode verurteilt worden und schrieb seinen Eltern vor seiner Hinrichtung: „Innig geliebte Eltern, ich werde heute noch erschossen ...Verzeiht mir allen Schmerz, den ich Euch bereitet habe, jetzt bereite und noch bereiten werde. Verzeiht mir alle wegen des Bösen, das ich getan, wegen des Guten, das ich nicht getan habe. Mein Testament ist kurz: Ich beschwöre euch, euren Glauben zu bewahren. Vor allem: keinen Hass gegen die, die mich erschießen. ‚Liebet euch untereinander', hat Jesus gesagt, und die Religion, zu der ich zurückgekehrt bin und von der ihr nicht lassen sollt, ist eine Religion der Liebe. Ich umarme euch mit allen Fasern meines Herzens, ich nenne keine Namen, es sind derer so viele, die in mein Herz eingeschrieben sind..."

Elisabeth von Thüringen

„Ihr Freunde Gottes allzu gleich", singen wir im Allerheiligenlied und stellvertretend für so unsagbar viele andere möchte ich eine Freundin Gottes vorstellen und in ihrem Leben lesen, was es bedeutet, heilig zu sein, wie sich das zeigt, wie Heiligkeit, wie Liebe riecht oder schmeckt.

Elisabeth, 1207 in Sarospatak in Ungarn geboren als Tochter von König Andreas und Königin Gertrud.

Mit 4 Jahren muss sie ihr Elternhaus verlassen und wird nach Thüringen gebracht. Sie wird aus politischen Gründen mit dem dortigen Landgrafensohn verlobt. Mit ihm und seinen Geschwistern wächst sie in den Schlössern der Landgrafenfamilie auf. Ihre Eltern hat sie nie mehr wiedergesehen.

Als sie 6 Jahre alt ist, wird ihre Mutter Gertrud in Ungarn ermordet.

Mit 10 Jahren erlebt sie den Tod des Thüringer Landgrafen, ihres Ziehvaters.

Zwischen Ludwig, dem Nachfolger auf dem Landgrafenthron, und Elisabeth entwickelt sich eine tiefe Freundschaft und Liebe.

Elisabeth ist 14 und Ludwig 7 Jahre älter, als sie in der Georgenkirche zu Eisenach heiraten. Die aus machtpolitischen Gründen herbeigeführte Ehe gelingt zu einer Liebesheirat.

Hier wird schon deutlich, was Elisabeth auszeichnete, worum es ihr ging, was ihr Lebensmotto war: Was auch immer dir in deinem Leben passiert, was mit dir geschieht, mach Liebe draus.

Liebe war bei solchen „Zwangsehen" nicht vorgesehen. Elisabeth und Ludwig haben Liebe draus gemacht.

Ein Jahr später, Elisabeth war 15, wird das erste Kind, Hermann, geboren. Und wieder ein gutes Jahr später kommt die kleine Sophie zur Welt. Die Ehe der beiden ist ungewöhnlich harmonisch und leidenschaftlich. Elisabeth begleitet ihren Mann, so oft es geht. Gegen alle höfische Etikette sitzt sie auch bei Tisch neben ihm. Ludwig unterstützt seine Frau und ihren Einsatz für die Armen und Kranken. Das erste Hospital am Fuß der Wartburg wird gegründet. Elisabeth zeigt Flagge. Sie isst bei Tisch nur das, was nicht durch Raub, Unterdrückung oder Erpressung aufs Schloss gelangt ist.

Liebe kann sich auch im Protest ausdrücken, im ,gegen den Strom Schwimmen'. Was auch immer dir geschieht, mach Liebe draus.

Dann, als sie 19 Jahre alt ist, tritt der Ketzerverfolger, Inquisitor und Kreuzzugsprediger Konrad von Marburg in ihr Leben. Er ist ihr rigoroser geistlicher Zuchtmeister. Elisabeth hat auch ihn ertragen und mit ihm die macht- und kriegslüsterne Kirche. Was auch immer dir geschieht, mach Liebe draus.

Gerade 20 Jahre alt, verlässt sie ihr Mann. Er zieht auf Geheiß des Papstes auf den Kreuzzug. Elisabeth ist untröstlich. Tagelang begleitet sie ihren Mann und sein Heer bis zur Landesgrenze.

Was auch immer dir geschieht, mach Liebe draus.

Schon wenige Monate später wird ihr die Todesnachricht überbracht.

Ihr Mann ist in Otranto einer Seuche erlegen. Elisabeth läuft wie eine Wahnsinnige im Zimmer herum. „Ludwig ist tot. Mit ihm ist mir die Welt gestorben!" Hermann war 5 Jahre alt, Sophie 4, wenig später gebiert sie ihre jüngste Tochter Gertrud.

Im darauffolgenden Winter verlässt sie die Warburg mit ihren Kindern. Nach einer Zeit großer innerer und äußerer Not und Bedrängnis wagt Elisabeth einen neuen Anfang.

Was auch immer dir geschieht in deinem Leben, mach Liebe draus.

Mit 21 Jahren löst sie sich von ihrem bisherigen Leben als Landgräfin, will ein Leben in der Nachfolge Christi führen, in Armut und Bedürfnislosigkeit, im Dienst an den Armen und Kranken. Sie gibt ihre Kinder Hermann und Sophie in die Obhut ihrer Familie und zieht nach Marburg mit ihrer jüngsten Tochter und treuen Gefährtinnen.

In Marburg wohnt sie nicht in der Landgrafenburg, sondern am Stadtrand. Dort gründet sie von ihrem Witwengut ein Hospital. Als einfaches Mitglied einer kleinen Schwesterngemeinschaft pflegt sie Kranke mit unendlicher Geduld und Aufopferung.

Was auch immer dir geschieht in deinem Leben, mach Liebe draus.

Sie stirbt am 17. November 1231 mit 24 Jahren. Welch ein Leben!

Was auch immer dir geschieht, Gott macht Liebe daraus.

Wäre diese so verstandene Heiligkeit auch etwas für uns:

Was auch immer dir geschieht in deinem Leben, mach Liebe draus.

Elisabeth, wie sie gelebt und geliebt hat:
Eine leidenschaftlich Gott und die Menschen Liebende;
eine Rebellin, die sich doch fügt;
eine, die Trauer erfährt und doch Freude schenkt;
eine, die weint und die Tränen anderer trocknet;
eine, die arm lebt und doch reich macht;
eine, die gebeugt wird und doch so stark ist;
eine Betende und doch so aktiv Handelnde;
eine Heimatlose, die so vielen Heimat gibt;
ein Kind ihrer Zeit, das ein zeitlos gültiges, authentisches Leben führt;
eine, die ihr Leben verschenkt und es doch gewonnen hat.

Maria

Für mich ist Maria die Liebende schlechthin. Von ihrer Berufung erzählt das Lukasevangelium (Lk 1,26ff): *Im sechsten Monat wurde der Engel Gabriel von Gott in eine Stadt in Galiläa namens Nazaret zu einer Jungfrau gesandt. Sie war mit einem Mann namens Josef verlobt, der aus dem Haus David stammte. Der Name der Jungfrau war Maria. Der Engel trat bei ihr ein und sagte: Sei gegrüßt, du Begnadete, der Herr ist mit dir. Sie erschrak über die Anrede und überlegte, was dieser Gruß zu bedeuten habe. Da sagte der Engel zu ihr: Fürchte dich nicht,*

Maria; denn du hast bei Gott Gnade gefunden. Siehe, du wirst schwanger werden und einen Sohn wirst du gebären; dem sollst du den Namen Jesus geben. Er wird groß sein und Sohn des Höchsten genannt werden. Gott, der Herr, wird ihm den Thron seines Vaters David geben. Er wird über das Haus Jakob in Ewigkeit herrschen und seine Herrschaft wird kein Ende haben. Maria sagte zu dem Engel: Wie soll das geschehen, da ich keinen Mann erkenne? Der Engel antwortete ihr: Heiliger Geist wird über dich kommen und Kraft des Höchsten wird dich überschatten. Deshalb wird auch das Kind heilig und Sohn Gottes genannt werden. Siehe, auch Elisabet, deine Verwandte, hat noch in ihrem Alter einen Sohn empfangen; obwohl sie als unfruchtbar gilt, ist sie schon im sechsten Monat. Denn für Gott ist nichts unmöglich. Da sagte Maria: Siehe, ich bin die Magd des Herrn; mir geschehe, wie du es gesagt hast. Danach verließ sie der Engel.

Dieses Evangelium berichtet von der hohen Berufung Mariens. Es ist auch ein Beispiel dafür, auf welchen Weg ein Mensch zum Glauben geführt wird, zum Ja-Sagen zu Gott und seinem Willen, zur Liebe.

Schauen wir einfach die Verben an, die das Verhalten Mariens beschreiben:

Wir lesen:

Maria erschrak.

Maria überlegte.

Maria fragte.

Maria sagte: Ja, mir geschehe.

Bei aller Einmaligkeit Mariens und Ihrer Berufung beschreiben diese Worte doch auch den Weg eines Menschen, der zu einem großen Ja führt.

Am Anfang entsteht das Erschrecken. Es kann viele Formen haben. Erschrecken über die Größe des Kosmos und meine Kleinheit; Gott ist das Größte, was Menschen je denken können, und der ist mir so nahe. Erschrecken darüber, wie wichtig meine Winzigkeit für Gott ist. „An der Stelle, an die dich Gott hingestellt hat, bist du wichtiger als der Papst", sagte mal jemand.

Nach dem Erschrecken folgt das Nachdenken. Maria überlegt. Der Glaube schaltet das Nachdenken nicht aus, im Gegenteil. Nachdenken über Gott und die Welt, Nachdenken über sein Wort ist wesentlicher Bestandteil der Bibel und der Geschichte der Kirche.

Dann kommt die Frage. Für Maria die Frage aller Fragen. Fragen schalten den Glauben nicht aus, sondern ein. Auf dem Weg zum Glauben stehen immer auch Suchen und Fragen, wie bei Maria so auch bei uns. Zum Fragen gehört auch der Zweifel. Nur der, der fragt, bekommt auch eine Antwort. Alle Fragen dieses Buches – und das sind viele – gehören dazu.

Und wenn wir dann eine Antwort bekommen haben, eine Antwort als leise Melodie in unserem Herzen, kommt die Antwort, unsere Antwort. Maria sagt: „*Mir geschehe.*"

Zum Weg der Liebe gehört:
Erschrecken,
Überlegen,
Fragen,
Jasagen.
Das sind nur wenige Beispiele. Welches Buch könnte die Lebenszeugnisse für die Liebe fassen?

Schuld und Versagen vor der Liebe

Auch darüber muss geredet werden. Die Geschichte der Kirche, der Jünger und Jüngerinnen Jesu ist auch eine Geschichte von Schuld und Versagen. Dabei meine ich nicht so sehr den Glauben, den Glaubensverlust; ich meine den Verlust an Liebe, die Lieblosigkeit im Großen wie im Kleinen, damals wie heute.
Die Kirche ist auch eine Kirche der Sünder.

Die Kirche der Sünder

Wir lesen im Johannesevangelium (Joh 8,1ff.):
Jesus aber ging zum Ölberg. Am frühen Morgen begab er sich wieder in den Tempel. Alles Volk kam zu ihm. Er setzte sich und lehrte es. Da brachten die Schriftgelehrten und die Pharisäer eine Frau, die beim Ehebruch ertappt worden war. Sie stellten sie in die Mitte und sagten zu ihm: Meister, diese Frau wurde beim Ehebruch auf frischer Tat ertappt. Mose hat uns im Gesetz vorgeschrieben, solche Frauen zu

steinigen. Was sagst du? Mit diesen Worten wollten sie ihn auf die Probe stellen, um einen Grund zu haben, ihn anzuklagen. Jesus aber bückte sich und schrieb mit dem Finger auf die Erde. Als sie hartnäckig weiterfragten, richtete er sich auf und sagte zu ihnen: Wer von euch ohne Sünde ist, werfe als Erster einen Stein auf sie. Und er bückte sich wieder und schrieb auf die Erde. Als sie das gehört hatten, ging einer nach dem anderen fort, zuerst die Ältesten. Jesus blieb allein zurück mit der Frau, die noch in der Mitte stand. Er richtete sich auf und sagte zu ihr: Frau, wo sind sie geblieben? Hat dich keiner verurteilt? Sie antwortete: Keiner, Herr. Da sagte Jesus zu ihr: Auch ich verurteile dich nicht. Geh und sündige von jetzt an nicht mehr!

Zu diesen wunderbaren Stück Evangelium hat Karl Rahner, der wohl berühmteste Theologe der Neuzeit, eine wunderbare Meditation geschrieben. Ich habe sie sehr geliebt in meiner Jugend und gestehe, dass es mir schwerfällt, sie Ihnen heute noch einmal vorzulegen in den Zeiten des Missbrauchs-Skandals. Vielleicht fällt es Ihnen auch schwer, die Gedanken Karl Rahners anzunehmen, aber doch liegt auch hier eine tiefe Wahrheit verborgen. Rahner vergleicht die Ehebrecherin mit der Kirche. Er schreibt:

„Die Schriftgelehrten und Pharisäer – es gibt solche ja nicht nur in der Kirche, sondern überall und in allen Verkleidungen – werden immer wieder ›die Frau‹ vor den Herrn schleppen und sie mit dem geheimen Hochgefühl, dass ›die Frau‹ – Gott sei Dank – doch auch nicht besser ist als sie selbst, anklagen: ›Herr, diese Frau ist beim Ehebruch auf frischer Tat ertappt worden. Was sagst du dazu?‹ Und diese Frau wird es nicht leugnen können. Nein, es ist ein Ärgernis. Und es gibt nichts zu beschönigen; sie denkt an ihre Sünden, weil sie sie wirklich begangen hat, und sie vergisst darüber (wie könnte die demütige Magd anders?) die verborgene und offenbare Herrlichkeit ihrer Heiligkeit. Und so will sie nicht leugnen. Sie ist die arme Kirche der Sünder. Ihre Demut, ohne die sie nicht heilig wäre, weiß nur von ihrer Schuld. Und sie steht vor dem, dem sie angetraut ist, vor dem, der sie geliebt und sich für sie dahingegeben hat, um sie zu heiligen, vor dem, der ihre Sünde besser kennt als ihre Ankläger. Er aber schweigt. Er schreibt ihre Sünde in den Sand der Weltgeschichte, die bald ausgelöscht sein wird und ihre Schuld mit ihr. Er schweigt eine kleine Weile, die uns Jahrtausende scheint. Und er verurteilt diese Frau nur durch das Schweigen seiner Liebe, die begnadet und freispricht. In allen Jahrhunderten stehen neue Ankläger neben ›dieser Frau‹ und schleichen immer wieder davon, einer nach dem andern, von den Ältesten angefangen; denn es fand sich nie einer, der selbst ohne Sünde war. Und am Ende wird der Herr mit der Frau allein sein. Und dann wird er sich aufrichten und die Buhlerin, seine Braut, anblicken und sie fragen: ›Frau, wo sind sie, die dich anklagen? Hat keiner dich verurteilt?‹ Und sie wird antworten in unsagbarer Reue und Demut: ›Keiner, Herr.‹ Und sie wird verwundert sein und fast bestürzt, dass keiner es getan hat. Der Herr aber wird ihr entgegengehen und sagen: ›So will auch ich dich nicht verurteilen.‹ Er wird ihre Stirn küssen und sprechen: ›Meine Braut, heilige Kirche‹."

Für mich sind dieses Evangelium und die Gedanken dazu von Karl Rahner ungemein tröstlich, auch was eigenes Versagen, eigene Schuld angeht. Sie sollten den nun folgenden Gedanken über die Schuld der Kirche vorangestellt werden.

Katharina Henot – ein Beispiel für viele

Ich entführe Sie in das Jahr 1487. Die zwei Dominikanermönche Heinrich Kramer und Jakob Sprenger veröffentlichen eines der schrecklichsten, der mörderischsten Bücher der Menschheitsgeschichte: den Malleus maleficarum, den Hexenhammer.

Ermutigt wurden sie dazu durch die sogenannte Hexenbulle von 1484 von Papst Innozenz VIII. Genaue Hinweise, wie man Hexen – natürlich hauptsächlich Frauen – erkennt, dann Anweisungen zur Folter und Hinrichtung. Mit päpstlicher Autorität sollten jeder Widerstand und Zweifel an der Rechtmäßigkeit inquisitorischer Prozesse und Hinrichtungen im Keim erstickt werden.

Allein im ausgehenden Mittelalter soll es 50.000 bis 80.000 Hinrichtungen gegeben haben, so lese ich. Der Glaube an die Wirkmächtigkeit des Teufels durch Hexen – natürlich vorwiegend Frauen - bestimmte das Denken der Menschen damals mehr als der Glaube an einen guten, menschenfreundlichen Gott.

Hexen bringen mit Hilfe Satans Fluch und Unglück über die Menschheit. Das war jahrhundertelang der Glaube der Christenheit.

Und dieser Glaube hat sich – Gott sei Dank – reformiert, wieder an der Botschaft Jesu vom liebenden Gott orientiert. Daran muss sich doch die Tradition der Kirche immer oreintieren.

Es geschah so im Mai 1631. Ein Jesuit veröffentlicht anonym ein Buch gegen den Hexenwahn, die Hexenverbrennungen und gegen das Buch „Der Hexenhammer". Er heißt Friedrich von Spee. Er hat wunderschöne Kirchenlieder geschrieben „O Heiland reiß die Himmel auf", „Zu Bethlehem geboren", „Ihr Freunde Gottes allzu gleich." Doch dieses Buch gegen den Hexenwahn veröffentlicht er ohne Namen, er fürchtet Verfolgung, weil er sich gegen den offiziellen Glauben der Kirche, beglaubigt durch den Papst, stellt. So behauptet er u.a., nur aus Angst vor der Folter hätten die Frauen Hexerei zugegeben, in Wirklichkeit seien sie unschuldig. Katharina Henot war eine der Hexen. In Köln wurde sie 1627 hingerichtet. Nicht an einer Kirche, am Kölner Rathaus ist sie dargestellt – zusammen

mit Friedrich von Spee. Was ihr die Kirche vorge-
worfen hat: Missbrauch und Verunehrung des
hochwürdigsten heiligen Altarssakramentes,
fleischliche Vermischung mit dem leidigen Satan,
Zaubertänze auf dem Neumarkt, teuflische Konspi-
ration. Katharina hat trotz massiver Folter immer
nur ihre Unschuld bekannt. In einem Karren
wurde sie zur Breitestraße geführt. Ein geistliches
Trostwort wurde ihr zugesprochen – welch ein Zy-
nismus. In einer letzten Anhörung beteuerte sie
noch einmal ihre Unschuld. Der Erzbischof und
auch das hohe weltliche Gericht ließen jedoch
keine Gnade zu. Der Karren setzte sich weiter in
Bewegung Richtung Rudolfplatz. Wohl alle, die an
der Straße und auf dem Hinrichtungsplatz standen, glaubten, was hier geschehe, sei rechtens.
„Das ist unser katholischer Glaube", dachten und
sagten sie! Auf dem Galgenberg, heute Melaten,
fand die Hinrichtung statt. Vielleicht war er dabei,
in jedem Fall hat er Katharina gekannt: Friedrich
von Spee. Sein mutiges Buch und nicht wenige Mit-
streiter haben bewirkt, dass die Glaubensüberzeugung der Kirche sich geändert hat, gegen viele Wi-
derstände, die in der Kirche alles beim Alten lassen
wollten – beim Glauben an Frauen als Hexen, mit
dem Teufel im Bunde. Wegen seiner Überzeugungen wurde von Spee zeitweise aus seinem Orden
ausgeschlossen. Der Grund war klar, er vertrete
nicht mehr den guten alten Glauben der Kirche. Die

Kirche sei verpflichtet, den alten Glauben zu bewahren, den bisher gültigen Glauben der Kirche darf man nicht verändern, das führe nur zu einem Glaubensverlust. Kein Bruch mit den guten alten Traditionen der Hexenverfolgung. Nicht ein einzelner Christ entscheide über diesen Glauben, sondern die Gesamtheit der Kirche.

Bald – nach und durch den mutigen Einsatz von Friedrich von Spee - wurde jedoch nicht mehr von den Kanzeln gepredigt, dass es Pflicht jedes Christenmenschen sei, Frauen als Hexen zu denunzieren, wie es der Papst vorher noch gefordert hatte. Die Christenheit glaubt heute nicht mehr an verhexte Frauen – Gott sei Dank, Überzeugungen haben sich geändert.

Nur der Glaube, wie er von den Aposteln grundgelegt und durch die Zeiten hindurch bewahrt worden sei, garantiere, "dass wir nicht Irrlichtern aufsitzen und von ihnen in die Irre geführt werden", sagt Kardinal Woelki. Recht hat er, aber muss die Kirche nicht immer wieder Glaubensüberzeugungen, Glaubensmeinungen, Glaubenspraktiken an der Botschaft Jesu und der Lehre der Apostel überprüfen? So hat das Friedrich von Spee in der Zeit der Katharina Henot getan, wie es in meiner Lebenszeit das Zweite Vatikanische Konzil getan hat. Warum erzähle ich ihnen die Geschichte der Katharina Henot noch einmal? Ich erzähle sie, um zu verdeutlichen, dass wir unsere Überzeugung, auch unsere kirchliche Überzeugung, überprüfen müssen, ob Liebe das größte ist. Der Glaube, der Katharina Henot und so viele andere in den Tod getrieben hat, war Glaube ohne Liebe. Und das ist nicht der Glaube, den uns Jesus Christus ins Herz gepflanzt hat, sebst dann dann nicht, wenn er Berge versetzen könnte, wie Paulus sagt.

Offensichtlich konnte und kann man doch auch in der Kirche Irrlichtern aufsitzen, immensen Glaubenslosigkeiten, die im Kern Lieblosigkeiten sind. Denn der Inhalt des Glaubens ist doch die Liebe. Das ist mir in meinem Leben immer deutlicher geworden. Sehr überzeugend predigt Kardinal Woelki in diesen Tagen der Coronapandemie über die Liebe – und handelt danach.

Geändert hat sich in der Kirchengeschichte auch – Gott sei Dank - die Überzeugung, dass Sklaverei eine gottgewollte Einrichtung ist, geändert hat sich in langen Jahrhunderten die Einstellung zum Krieg gegen Feinde, gegen Gottlose, gegen Andersgläubige. Ich erinnere nur an die Kreuzzüge. Geändert hat sich die Verfolgung und Hinrichtungen von Ketzern durch die sogenannte Heilige Inquisition. Ich könnte die Liste noch beliebig fortsetzen. Noch etwas: 30 Jahre haben wir Krieg gegeneinander geführt mit evangelischen und katholischen Heeren. Gott ist natürlich auf unserer Seite, gegen die anderen. Das ist alles doch nicht der Glaube, wie er von den Aposteln grundgelegt und durch die Zeiten hindurch bewahrt worden ist. Ganz klar: Wenn der Glaube lieblos wird, ist es nicht mehr der Glaube Jesu Christi. Kirche darf, muss sich verändern, reformieren – der Liebe wegen. Ein wichtiger Grundsatz in der Theologie heißt: ‚Ecclesia semper reformanda,' Kirche ist immer zu reformieren, damit die Tradition, damit Glaube, Hoffnung und vor allem Liebe immer wieder neu aufleuchten. Verlieren die Menschen heute scharenweise den Glauben und besuchen nicht mehr unsere Gottesdienste, weil der Kirche die Liebe abhanden zu kommen droht?

Ist es nicht einfach lieblos, wie mit den Frauen in der Kirche umgegangen wird? Ist Geschlechtergerechtigkeit nicht auch eine Form von Liebe? Ist es nicht ganz einfach lieblos, wenn Menschen im Amazonasgebiet praktisch die Eucharistie verweigert wird und sie nur noch einmal jährlich „tun dürfen zu seinem Gedächtnis", weil unverheiratete Priester fehlen?

Ich lese, dass der Zölibat den Sinn hat, die Welt wachzuhalten für Gott'.

Hat das nicht auch Petrus getan mit seiner Predigt, seinem Zeugnis, seinem Martyrium? Er war bekanntlich verheiratet. Tun das nicht auch Frauen, ganz viele Frauen in Kirche und Welt? Es ist doch die Liebe, die die Welt wach hält für Gott, natürlich auch das Lebensengagement von zölibatär lebenden Priestern und erst recht von Ordensleuten, aber nicht nur. Man kann die anstehenden Reformen in der Kirche unter dem Aspekt des Glaubens sehen, man muss sie unter dem Aspekt der Liebe sehen. Lassen wir noch einmal Paulus zu Wort kommen: *Wenn ich in den Sprachen der Menschen und Engel redete, hätte aber die Liebe nicht, wäre ich dröhnendes Erz oder eine lärmende Pauke. Und wenn ich prophetisch reden könnte und alle Geheimnisse wüsste und alle Erkenntnis hätte; wenn ich alle Glaubenskraft besäße und Berge damit versetzen könnte, hätte aber die Liebe nicht, wäre ich nichts.* (1 Kor 13, 1 ff)

Wie die Liebe Gottes heute in Kirche und Welt leben

Richten wir uns bei dieser Frage ganz nach der Bibel aus. Es gibt ein Ereignis, das ganz konstitutiv für die Jüngerinnen und Jünger Jesu ist und eine bleibende Spur in der Kirchengeschichte hinterlassen hat: Das Pfingstereignis, die Gründungsversammlung der Kirche.

Pfingsten geschehen lassen

Ich denke gerne an Pfingsten. Wer war da eigentlich versammelt, als der Heilige Geist in Zungen wie von Feuer herabkam? Die Apostel und Maria, ist die spontane Antwort vieler. Lesen wir's doch einmal nach: *„Sie alle verharrten dort einmütig im Gebet, zusammen mit den Frauen und mit Maria, der Mutter Jesu, und mit seinen Brüdern.* (Apg 1,14)"

Auf wie vielen Darstellungen des Pfingstereignisses sind die Frauen einfach weggelassen worden? Auch in den Köpfen so mancher Christen fehlen sie beim Pfingstereignis ganz. Im Kölner Dom ist das anders: Im schönen Bayernfenster sieht man dort die feurigen Zungen auch über den Köpfen der Frauen. Die stehen da einfach inmitten der Männer. Wie schön!

In der Apostelgeschichte lesen wir weiter von der ersten Predigt des ersten Papstes Petrus. Er sagt: *"Jetzt geschieht, was durch den Propheten Joël gesagt worden ist: In den letzten Tagen wird es geschehen, so spricht Gott: Ich werde von meinem Geist ausgießen über alles Fleisch. Eure Söhne und eure Töchter werden prophetisch reden, eure jungen Männer werden Visionen haben und eure Alten werden Träume haben. Auch über meine Knechte und Mägde werde ich von meinem Geist ausgießen in jenen Tagen und sie werden prophetisch reden."* (Apg 2,17 f).

Gelten diese Verheißungen des Pfingstgeheimnisses aus der Apostelgeschichte, Verheißungen des Petrus, des Propheten Joël nicht auch zum Beispiel für den synodalen Weg, den Weg der Kirche in unserem Land? Ist das nicht die Tradition des Pfingstgeheimnisses - bis heute?

Der Geist, der auf die junge Kirche herabkam, ist ein Geist des Miteinanders, auch des Miteinanders von geistbegabten Männern und Frauen. So leben wir überzeugend die Liebe Gottes.

„Geh-hin-Kirche" verwirklichen

„Geht hinaus in die ganze Welt und verkündet das Evangelium der ganzen Schöpfung!" (Mk 16,15)

„Nehmt keine Vorratstasche *mit auf den Weg, kein zweites Hemd, keine Schuhe, keinen Wanderstab; denn wer arbeitet, ist seines Lohnes wert."* (Mk 10,10).

Bei diesen Evangelien fällt mir immer unser Alterzbischof Joseph Kardinal Höffner ein. Wie hat er uns jungen Kaplänen ans Herz gelegt:

Gerade wenn die Herde kleiner würde, dürfe man keine „Komm-her-Kirche" sein, sondern müsse eine „Geh-hin-Kirche" werden.

Eine „Geh-hin-Kirche", das ist das, was Jesus mit seinen Jüngern verwirklichte: Er sandte sie aus und die Zwölf machten sich zu zweit auf den Weg. Sie riefen die Menschen zur Umkehr auf, sie trieben viele Dämonen aus, sie salbten viele Kranke mit Öl und heilten sie.

Kirche, nimm Maß an Jesus und den Jüngern, geh dorthin, wo die Menschen sind, werde eine „Geh-hin-Kirche".

Kirche, verlass dich nicht auf deine Besitztümer, auf Machtzentren, Vorratstaschen und Geld im Gürtel, Kirche, werde eine „Geh-hin-Kirche".

Heute ist die Nachrichtenlage anders: Es gibt immer mehr Großpfarreien, XXL-Gemeinden heißen die oder schönfärberisch Sendungsräume. Das klingt vielversprechend, zeigt aber einen großen

Mangel an: den Mangel an Seelsorgern. Die Zahl halbiert sich in den nächsten Jahren noch einmal. Es gibt immer mehr Orte, immer mehr Kirchen, an denen kein Priester, geschweige denn ein Pfarrer, wohnt.

Damit die Kirche auch in einer solchen Lage eine „Geh-hin-Kirche" ist, bedarf es in noch viel stärkerem Umfang des Engagements überzeugter Christen, die den Auftrag, die Sendung Jesu an ihrem Wohnort erfüllen wollen, zu den Menschen zu gehen und ihnen die Botschaft von der Liebe des Vaters in Wort und Tat zu verkünden. Diese Christen müssten allerdings dann auch mit einem Sendungsauftrag der Kirche ausgestattet sein.

Was Mut macht zu diesem Auftrag finden wir beim heiligen Paulus. Er verkörpert in ganz besonderer Weise eine „Geh-hin-Kirche". Wie kein anderer war er unterwegs im großen römischen Reich, unterwegs zu den Menschen. So kommt er auch in die große heidnische Hafenstadt Korinth – berüchtigt und verkommen. Ehe er die Stadt betritt, hat er einen Traum. Christus sagt ihm daraufhin: *Fürchte dich nicht! Rede nur, schweige nicht! Denn ich bin mit dir, niemand wird dir etwas antun. Viel Volk nämlich gehört mir in dieser Stadt.* (Apg 18,10) Ehe er selbst oder ein anderer Bote des Evangeliums die Stadt betritt, hat Christus schon ein großes Volk in dieser Stadt.

Auch wenn heute Macht und Einfluss der Kirche schwinden, auch wenn heute die Zahl der Getreuen kleiner und kleiner wird: Das Wort Jesu an Paulus gilt: *Viel Volk gehört mir in dieser Stadt.*

Diese Menschen müssen wir finden. Auch wenn sie nicht regelmäßig unsere Kirchen besuchen, sie leben Glaube, Hoffnung und Liebe oder sehnen sich danach. Sie sind nicht immer mit uns einer Meinung, sie sind ‚zeitgeistig'. Wir finden sie selten in der Öffentlichkeit; sie leben und wirken im Verborgenen, sie sind doch das Volk, das Christus schon hat, in unseren Städten und Ortschaften, in Altersheimen und Krankenhäusern, in gelebter Nachbarschaft, in Sorge um die Familie, in Büros und Werkstätten, im verantwortungsvollen Dienst für die Menschen an vielen Stellen.

Kirche Jesu Christi, werde wieder eine „Geh-hin-Kirche"!

Mir schrieb jüngst eine Dame, eine Kirchgängerin übrigens:

„Wissen sie, lieber Herr Stein, ich hadere niemals mit meinem Glauben, aber seit langem mit meiner Kirchenzugehörigkeit. Ich kann mich zu gar nichts anderem als dem Christentum bekennen, aber ich fühle mich in meiner Kirche nicht mehr aufgehoben.

Ich kann nicht unterstützen, dass 50% der Menschen per se in die zweite Klasse degradiert werden, weil sie Frauen sind. [...] Ich wollte nicht vorschnell urteilen, habe mir die Mühe gemacht, Papst Franziskus' Rede zum Abschluss der Kinderschutzkonferenz komplett zu lesen und ich muss sagen: Ich bin zutiefst enttäuscht - das ist mir einfach zu wenig. Ich bin enttäuscht, und ich fürchte, dass sich nichts wirklich ändern wird. Ich bin derart desillusioniert, dass ich kurz vor dem Kirchenaustritt stehe. Paradoxerweise kann ich es kaum noch mit meinem Gewissen vereinbaren, drin zu bleiben. Wenn ich nämlich eine meiner anderen Lebensweisheiten berücksichtigte (meine Mutter sagte immer: ‚Achte nicht so sehr auf das, was die Menschen reden. Ache auf das, was sie tun‘), müsste ich den Schritt des Kirchenaustrittes schon lange vollzogen haben...“

Auch und besonders zu solchen Menschen sind wir gesandt. Wir haben dazu kein geringeres Beispiel als den ‚guten Hirten‘ Jesus Christus selbst. Er bleibt nicht bei den 99 im Stall, er geht dem verlorenen Schaf nach.

Eine dienende Kirche werden

Wer bei euch groß sein will, der soll euer Diener sein, und wer bei euch der Erste sein will, soll der Sklave aller sein. (Mt 23,11)

Es war im Januar 1945 in Polen. Das erst 14-jährige jüdische Mädchen Edith Zierer schleppt sich bei minus 40 Grad, völlig entkräftet, aus dem von den Russen befreiten KZ zur nächsten Bahnstation, wo sie die letzten Kräfte verlassen. Sechzig Jahre später erinnert sie sich:

„Ich habe mir eine Ecke ausgesucht, wollte nur eine Stütze haben. Ich habe mich da hingesetzt und bin zwei Tage so gesessen, ohne Essen und ohne Trinken. Die Leute sind einfach vorbeigegangen. Niemand hat gefragt: Willst du essen oder trinken? Ich habe geglaubt, das ist das Ende. Ich wollte bloß nicht umfallen, nur gerade sitzen bleiben. Doch dann am Morgen kam ein Geistlicher. Er hat die Leute weggeschoben und mich gesehen. Wie er mich da entdeckt hat? Der liebe Gott nur weiß das. Er hat die Leute weggeschoben und gesagt: Was sitzt du da? Weil ich nicht stehen kann, habe ich ihm geantwortet. Dann ist er verschwunden und hat mir ein Glas Tee gebracht. Ein Glas heißen Tee! Ich habe drei Jahre kein Glas in der Hand gehabt. Ich habe den Tee getrunken, dann ging er, kam zurück und brachte mir zwei Schnitten Brot. Enorme große Schnitten polnisches Brot! Mit Käse und Butter, und ich erinnere mich genau an das Pergamentpapier! Dann hat er gesagt: Du willst nach Krakau? Ich auch! Steh auf. Wir müssen gehen! Er hat mich aufgehoben, aber ich bin wieder zurückgefallen. Meine Beine haben versagt. Da hat er mich vier bis fünf Kilometer auf seinem Rücken getragen."

So erzählt Edith Zierer. Der Geistliche, der sie getragen hat, war kein Geistlicher, noch kein Geistlicher, es war ein Seminarist. Sein Name: Karol Wojtyla aus Wadowice, der spätere Johannes-Paul II.

Gibt es einen besseren Kommentar zu dem Jesus-wort:

Wer bei euch groß sein will, der soll euer Diener sein,
und wer bei euch der Erste sein will, soll der Sklave
aller sein. (Mt 23,11)

Eben habe ich im Fernsehen erlebt, wie Kardinal Woelki das Priesterseminar für Obdachlose geöffnet hat. Da saßen sie in diesen heiligen Hallen, wie wir sie in meiner Jugend genannt haben. Sie saßen wegen Corona natürlich an getrennten Tischen, aber sie aßen sich satt – im Priesterseminar.

Ist die sogenannte Glaubenskrise, in der wir als Christen stehen, nicht in Wirklichkeit eine Liebeskrise? Ist unsere Glaubenslosigkeit nicht in Wirklichkeit eine Lieblosigkeit? Zu was soll unser Glaube denn sonst dienen, wenn nicht zu einer Liebe, aus der Hoffnung wächst? Einer Liebe, die sogar stärker ist als der Tod. Das – so sagt unser Glaube - werden wir alle einmal erfahren. Ich meine, je mehr wir uns in der Kirche um die Liebe sorgen, desto voller werden auch unsere Kirchen wieder. *„Daran werden alle erkennen, dass ihr meine Jünger seid: wenn ihr einander liebt"* (Joh 13,35), sagt Jesus vor seinem Tod. Ich sage es noch einmal überspitzt in meinen Worten: Nicht durch unseren Glauben – selbst wenn er Berge versetzen könnte - werden die Menschen zu Jesus Christus finden, sondern durch unsere Liebe.

Mit dem Konzil die Kirche weiter erneuern
Die Pastorale Konstitution des Zweiten Vatikanischen Konzils hat das, worauf es letztlich ankommt in großartige Worte gefasst:

„Freude und Hoffnung, Trauer und Angst der Menschen von heute, besonders der Armen und Bedrängten aller Art, sind auch Freude und Hoffnung, Trauer und Angst der Jünger Christi. Und es gibt nichts wahrhaft Menschliches, das nicht in ihren Herzen seinen Widerhall fände.

Ist doch ihre eigene Gemeinschaft aus Menschen gebildet, die, in Christus geeint, vom Heiligen Geist auf ihrer Pilgerschaft zum Reich des Vaters geleitet werden und eine Heilsbotschaft empfangen haben, die allen auszurichten ist.

Darum erfährt diese Gemeinschaft sich mit der Menschheit und ihrer Geschichte wirklich engstens verbunden."

Ja, das ist der bleibende Auftrag an alle Jünger Jesu, weil auch ihr Meister und Herr Freude und Hoffnung, Trauer und Angst mit den Menschen geteilt hat, ja, sein ganzes Leben und auch sein Sterben.

Den Glauben an die menschgewordene Liebe Gottes und die so begründete Hoffnung gibt die Kirche weiter von Generation zu Generation, das nennen wir Tradition. Sie ist Lebenselixier der Kirche.

Ich bin über 50 Jahre Seelsorger und kann aus vielfältigen persönlichen Erfahrungen von diesem weitergegebenen Feuer der Liebe, also dem Feuer Gottes, in den Herzen vieler Menschen staunend berichten. Ein eigenes Buch würde dies füllen. Ich liebe deshalb meine Kirche, auch und besonders in ökumenischer Verbundenheit mit anderen Kirchen.

Aber nicht alle Gewohnheiten, nicht alle auch noch so festen Meinungen sind Weitergabe von der in Jesus Christus geschenkten Liebe, Inhalt unseres Glaubens und Grund unserer Hoffnung.

Das haben wir am Beispiel der Katharina Henot gesehen. Vielfach wird heute auch die Weitergabe der Liebe Jesu Christi mit dem Kampf gegen den Zeitgeist verbunden. Denken wir darüber nach!

Den Zeitgeist nicht nur negativ sehen

Der „Zeitgeist" wird oft nur negativ konnotiert. Es ist aber doch auch der Geist Gottes, der in dieser Welt und in dieser Zeit immer noch wirkt und wirken wird. Natürlich, wir brauchen den Geist der Unterscheidung. Dazu hilft uns das Wort Gottes in der Heiligen Schrift und das Beispiel unserer Vorfahren. Es gibt auch den Ungeist der Zeit. Aber ist Geschlechtergerechtigkeit, ist die Entdeckung des Wertes und der Würde der Frau, ist offener und ehrlicher Umgang mit der Sexualität, ist der Versuch, die biblische Botschaft so zu verkünden, dass sie ins Herz der heutigen Menschen fällt, Ungeist? Kann es nicht doch so sein, dass der Zeitgeist auch eine Sphäre ist, die der Geist Gottes beflügelt, ihn prägt und leitet?

Noch etwas zum Thema „Zeitgeist":

Ich habe einmal eine Predigt gehört, die mich tief erschreckt hat. Der Prediger erzählte, dass – getreu dem Evangelium nach Johannes – nach einer Predigt Jesu viele weggingen, weil seine Rede so hart war. Das sei heute auch noch so. Viele gingen weg, das sei bei Jesus schon so gewesen und deshalb solle es uns nicht wundern. Wenn wir, so schloss der Prediger, so predigen würden wie Jesus, dann gingen eben viele weg. Auch heute noch. Das zeige nur, dass wir auf dem richtigen Weg seien.

Ich setze dem entgegen: Mein eigenes Jesus-Bild ist nicht primär dadurch geprägt, dass er gepredigt hat und viele weggingen, weil seine Rede hart war. Meine Jesus-Vorstellung ist seit meiner Kindheit geprägt vom Bild des guten Hirten, der das verlorene Schaf nicht einfach so gehen lässt, sondern ihm nachgeht und dabei sogar die anderen im Stall zurücklässt. Mein Jesus-Bild ist geprägt von der Bergpredigt und „den vielen Menschen, die ihm da zuhörten", von den Männern und auch von den Frauen, die ihn begleiteten; mein Jesus-Bild ist geprägt von seinen Geschichten, die so klar und so einfach sind, dass ihn jeder und jede verstanden hat; und geprägt ist mein Bild von seiner so segensreichen Begegnung mit Männern und Frauen am Rande der damaligen Gesellschaft.

Was mich manchmal betroffen macht, ist die Kritik am synodalen Weg unserer Kirche in Deutschland. Die Versammlung sei nicht katholisch, sagen einige, wohl, weil da auch Frauen dabei sind, einfach neben den Bischöfen einziehen, Platz nehmen und auch was sagen.

Alles Auswüchse des Zeitgeists? Denken wir ein wenig über die Frauen in der Kirche und den Umgang mit ihnen nach!

Geschlechtergerechtigkeit in der Kirche schaffen

Mich hat schon sehr betroffen gemacht, wie Papst Franziskus jüngst die Frauen noch einmal von jeder Weihe ausgeschlossen und ihnen (stattdessen?) die Zärtlichkeit Mariens als Vorbild hingestellt hat. Die erste Frage, die mich bewegt, ist: Ist nicht Maria Vorbild auch für uns Männer? Große Heilige wären hier zu nennen, nicht zuletzt Papst Johannes-Paul II. Heißt nicht auch gerade deshalb Kardinal Woelki Rainer ‚Maria'?

Die zweite Frage ist die nach der Zärtlichkeit von Frauen in einer männerdominierten Kirche. Lässt das nicht tief blicken? Wie sehen das wohl die Frauen selbst? Nichts gegen Zärtlichkeit, auch und besonders wir Männer sollten sie anstreben, aber kann man z.B. die großen Frauengestalten in der Kirchengeschichte auf ihre Zärtlichkeit reduzieren? Ich denke, genauso wenig wie die Frauen in Amazonien, die der Papst so lobt und die die Kirche dort am Leben erhalten.

Der Priester repräsentiert Christus in der feiernden Gemeinde. Dazu ist er geweiht. Christus war ein Mann, also können Frauen ihn nicht repräsentieren, so sagt man. Meine Frage: Hängt die Repräsentation Christi von den Chromosomen ab, von den Genen oder vom Geist Gottes, der in einem Menschen wohnt? Wie haben nicht auch bis ins letzte Jahrhundert hinein Christen in den Südstaaten der USA gegen Schwarze als Priester gekämpft. Christus war weiß und nur ein Weißer kann ihn repräsentieren? Die Gene entscheiden? Deshalb keine Schwarzen als Priester, hat man gesagt. Das war gängige Überzeugung in den Südstaaten der USA.

Die Frage sei schon erlaubt: Repräsentieren Priester das Geschlecht, die Gene, das Chromosomenpaar Jesu? Repräsentieren sie nicht viel mehr seine Liebe zu den Menschen, seine Hinwendung zu den Hilfsbedürftigen, seine Liebe zum Vater? Sollen sie nicht vielmehr diesen seinen Geist lebendig werden lassen, wenn sie „tun zu seinem Gedächtnis"? Können das nicht auch Frauen „tun zu seinem Gedächtnis"? Hängt das von den Genen ab? Vom XX- oder XY-Chromosom? Glauben wir an den alleinigen Einfluss der Chromosomen oder nicht vielmehr an den Geist, der in allem und durch alles wirkt? Ist dieser Glaube an den lebendig machenden Geist Gottes in Männern und Frauen nicht alternativlos christlich?

Es gibt viele, die sagen, der Umgang mit Frauen in der Kirche sei eine Frage des Glaubens, der Glaubenstradition. Ich sage, das ist eine Frage der

Liebe, der Wertschätzung, des Miteinanders. Für viele aber auch leider eine Frage der Macht: Wer hat die Macht in der Kirche?

Um es auf den Punkt zu bringen:

Die Herstellung der Geschlechtergerechtigkeit in der Kirche ist keine Frage des Glaubens, es ist eine Frage der Liebe. Für einige wohl auch leider eine Frage der Macht.

Die Botschaft des Michelangelo

Wer kennt es nicht, dieses wunderschöne Fresco in der Sixtinischen Kapelle von der Erschaffung des Adam. Da liegt der Adam in seiner ganzen Männlichkeit ausgestreckt und Gott streckt seinen Arm mit seinem Finger nach ihm aus. Adam streckt sich seinem Gott entgegen. Da stellt sich doch die Frage ein: Wo ist eigentlich Eva auf diesem Gemälde? Schauen Sie bei nächster Gelegenheit einmal genau hin: Gott hat – als er sich Adam zuwendet - Eva in seinem anderen Arm. So steht es doch auch in der Bibel: *Und Gott schuf den Menschen in seinem Bild, im Bild Gottes schuf er ihn; als Mann und Frau schuf er sie.* (Gen 1,27) Die allseits bekannte Geschichte von der Rippe meint doch keine Unterordnung der Frau unter den Mann, sondern eine Zuordnung, - wenn es diese Worte gäbe: eine „Zusammenordnung", eine „Nebeneinanderstellung". Beide gehören zusammen: *Bein von meinem Bein und Fleisch von meinem Fleisch* (Gen 2,23)

Ohne dich geht es nicht

Im Matthäusevangelium lesen wir:

Dann wird es mit dem Himmelreich sein wie mit zehn Jungfrauen, die ihre Lampen nahmen und dem Bräutigam entgegengingen. Fünf von ihnen waren töricht und fünf waren klug. Die Törichten nahmen ihre Lampen mit, aber kein Öl, die Klugen aber nahmen mit ihren Lampen noch Öl in Krügen mit. Als nun der Bräutigam lange nicht kam, wurden sie alle müde und schliefen ein. Mitten in der Nacht aber erscholl der Ruf: Siehe, der Bräutigam! Geht ihm entgegen! Da standen die Jungfrauen alle auf und machten ihre Lampen zurecht. Die törichten aber sagten zu den klugen: Gebt uns von eurem Öl, sonst gehen unsere Lampen aus! Die Klugen erwiderten ihnen: Dann reicht es nicht für uns und für euch; geht lieber zu den Händlern und kauft es euch! Während sie noch unterwegs waren, um es zu kaufen, kam der Bräutigam. Die Jungfrauen, die bereit waren, gingen mit ihm in den Hochzeitssaal und die Tür wurde zugeschlossen. Später kamen auch die anderen Jungfrauen und riefen: Herr, Herr, mach uns auf! Er aber antwortete ihnen und sprach: Amen, ich sage euch: Ich kenne euch nicht. Seid also wachsam! Denn ihr wisst weder den Tag noch die Stunde.

(Mt 25,1 ff)

Als junger Mensch hat mir das Evangelium Probleme gemacht. Welch eine harte Strafe: Ausgesperrt, kein Fest, *Ich kenne euch nicht!*

Und das nur, weil Öl fehlte?

Warum macht der Bräutigam die Tür nicht auf?

Lasst uns ein wenig darüber nachdenken:

Worauf kommt es in diesem Evangelium an?

Ich denke, der Fokus ist: Der Mensch kann seine Zukunft verpassen! Er denkt vielleicht, er habe keine Zukunft. Er denkt vielleicht, der Bräutigam kommt nie, die Hochzeit – das Fest – wird nie stattfinden. Er denkt vielleicht: Ich habe nichts mehr zu erwarten, warten lohnt also nicht, Lampen fürs Fest sind überflüssig – das Vorratsöl erst recht. Er denkt vielleicht: Auf meinen kleinen Beitrag, auf mein bisschen Öl kommt es doch nicht an.

Die Botschaft Jesu in diesem Gleichnis ist eindeutig: Das Fest wird stattfinden, der Bräutigam wird kommen, haltet euch bereit.

Ein wenig ähnlich unserem heutigen Gleichnis ist ein Märchen aus China: Ein Brautpaar war sehr arm, wollte aber doch Hochzeit feiern. Da kamen beide auf die Idee, die Freunde und Verwandten zu bitten, zum Fest etwas beizutragen. Jeder sollte eine Flasche Wein mitbringen, dann hätten sie genug zusammen und könnten feiern. So geschah es. Die Gäste kamen zum Fest und jeder brachte auch eine Flasche mit. Am Eingang des Festraumes stand ein großer Bottich. Die Gäste gossen ihre Flaschen in diesen Bottich. Als dann das Fest beginnen sollte, war der Schrecken und die Enttäuschung groß. Im großen Bottich war nur Wasser. Jeder der Gäste hatte gedacht: Wenn ich statt Wein

Wasser in den Bottich gieße, fällt das ja weiter nicht auf. Das merkt keiner. So ist die Hochzeit buchstäblich ins Wasser gefallen.

Das Evangelium und das Märchen wollen uns sagen, dass es auf dich ankommt, auf deinen Beitrag, auf deine Liebe. Das Fest, das wir erwarten, das himmlische Hochzeitsmahl wird kommen, wir dürfen uns darauf freuen. Aber es wird nicht ohne meine bescheidene, kleine Gabe sein, mein Wein, mein Öl. Aber selbst dann, wenn ich wirklich nur Wasser haben sollte, wird es einen geben, der das Wasser meines Lebens in guten Wein verwandelt – wie bei der Hochzeit zu Kana.

In einem Adventlied singen wir:

„Wohl auf, der Bräutigam kommt, steht auf, die Lampen nehmt, macht euch bereit zu der Hochzeit, ihr müsset ihm entgegen gehen."

Miteinander unterwegs sein

Miteinander gehen wir unseren Weg, oft getrennt, aber doch mit dem einen Ziel: Gottes Reich der Gerechtigkeit, der Liebe und des Friedens mit seiner Hilfe zu verwirklichen.

Bei einer Wanderung auf Mallorca fand ich in einem Kloster einmal diesen schönen Text:

> Geh
> Seit Deiner Geburt bist Du auf dem Weg.
> Geh, eine Begegnung wartet auf Dich.
> Wo? Mit wem? Du weißt es noch nicht.
> Vielleicht mit Dir selbst.

Geh,
Deine Schritte werden Deine Worte sein,
der Weg Dein Gesang,
Deine Ermüdung, Dein Gebet. Dein Schwei-
gen wird schließlich zu Dir sprechen.
Geh,
allein, mit andern, aber tritt heraus aus Dir.
Du, der Du Dir Rivalen geschaffen hast,
wirst Kameraden finden. Du der Du Dich
von Feinden umgeben siehst, wirst sie zu
Freunden machen.
Geh,
auch wenn Dein Geist nicht weiß, wohin
Deine Füße Dein Herz führen.
Geh,
Du bist für den Weg geboren, den Weg der
Pilger. Ein anderer kommt Dir entgegen
und sucht Dich, damit Du IHN finden
kannst.
Im Heiligtum am Ende des Weges, dem
Heiligtum im Innersten Deines Herzens,
ist ER Dein Friede, ist ER Deine Freude.
Geh, es ist ja der Herr, der mit Dir geht."

*Miteinander unterwegs - auch in der Öku-
mene*
Die Grundlage ökumenischen Handelns finden wir
im Johannesevangelium: *Alle sollen eins sein: Wie
du, Vater, in mir bist und ich in dir bin, sollen auch
sie in uns sein, damit die Welt glaubt, dass du mich*

gesandt hast. (Joh 17,21). Aber auch schon der Prophet Hesekiel gebrauchte ein wunderbares Bild für diese Einheit des Volkes in der Hand Gottes (Hes 37,15ff):

Das Wort des HERRN erging an mich: Du, Menschensohn, nimm dir ein Holz und schreib darauf: Juda und die mit ihm verbündeten Israeliten! Dann nimm dir ein anderes Holz und schreib darauf: Josef, Holz Efraims, und das ganze, mit ihm verbündete Haus Israel! Dann füge sie dir, eins zum anderen, zu einem einzigen Holz zusammen, sodass sie eins werden in deiner Hand! Und wenn die Söhne deines Volkes dich fragen: Willst du uns nicht erklären, was du da hast?, dann antworte ihnen: So spricht GOTT, der Herr: Siehe, ich, ja ich nehme das Holz Josefs, das in der Hand Efraims ist, und der mit ihm verbündeten Stämme Israels und gebe es auf das Holz Judas. Ich mache sie zu einem einzigen Holz und sie werden eins in meiner Hand. Die Hölzer, auf die du geschrieben hast, sollst du vor ihren Augen in deiner Hand halten.

Eins in Gottes Hand. So lautet die Botschaft des Propheten. Sein Wort galt den zerstrittenen Reichen Israel und Juda - wie wir gehört haben, – aber gilt das Prophetenwort nicht heute auch uns? Zum Beispiel uns evangelischen Christen – uns Katholiken? Sind wir eins in Gottes Hand? Da ist zunächst der Widerspruch – eins in Gottes Hand – sind wir nicht uneins, zerstritten, zertrennt? Müssen wir uns nicht ehrlich machen: Sind wir nicht entzweit, uneins in Gottes Hand?

Prophet Ezechiel – Hesekiel, was willst du uns sagen, wenn du uns wie zwei Hölzer einfach in eine Hand zusammenfügst und behauptest, wir seien eins in Gottes Hand? Das ist wichtig, das haben wir auch gehört, nicht Menschenhand vereint uns, sondern Gottes Hand!

Gottes Hand ist eine liebende Hand. Hesekiel hält eine Predigt, nicht nur zum Hören, auch zum Anschauen und Anfassen: zwei Hölzer in einer Hand. Hören wir, schauen wir einmal genau hin: Der Prophet sagt nicht, wir sind gleich in Gottes Hand. Natürlich sind wir nicht gleich, wir haben eine verschiedene Geschichte, verschiedene Traditionen, verschiedene Gewohnheiten, wir haben heute verschiedene Kirchen, verschiedene Orte des Gebetes, wir setzen verschiedene Schwerpunkte unseres Glaubens, ja, wir sind nicht gleich!

Und doch sind wir eins. Wir haben keinen evangelischen Gott, keinen katholischen Gott, keinen evangelischen Christus und keinen katholischen Christus. Paulus schreibt: *Ein HERR, ein Glaube, eine Taufe; ein Gott und Vater unser aller, der da ist über euch allen und durch euch alle und in euch allen.* (Eph 4,5)

Jesus betet im Johannesevangelium vor seinem Tod: *Dass alle eins seien, wie du Vater in mir und ich in dir,* er betet nicht: ‚Dass alle gleich seien!'

Nicht für die Gleichheit, für die Einheit der Konfessionen gibt es heute einen wunderschönen Ausdruck: Versöhnte Verschiedenheit. Ja, wir dürfen verschieden sein und das ist auch gut so, aber die tiefe Glaubensüberzeugung, dass wir eins sind – nicht gleich sind – in Gottes Hand, macht aus unserer Verschiedenheit immer wieder eine versöhnte Verschiedenheit. Du katholischer Christ wisse: Auch die evangelischen Christen sind in Gottes liebender Hand, und du evangelischer Christ wisse, auch die Katholiken sind in Gottes liebender Hand. In Gottes Hand sind wir verbunden. In seiner Hand sozusagen unzertrennlich – obwohl wir nicht gleich sind. Das zu wissen, schafft Versöhnung, damals wie heute.

In unüberbietbarer Weise wurden vor 2000 Jahren noch einmal zwei Hölzer zusammengefügt, ein Längs- und ein Querbalken – zu einem Kreuz. An diesem Kreuz geschah unser aller Versöhnung, ja die Versöhnung der ganzen Welt mit dem Vater im Himmel.

Und noch etwas: Gottes Hand ist sehr groß; wer weiß, wer da sonst noch alle drin ist!

Ich glaube auch, dass es Gott nicht darum geht, wer den rechten Glauben hat; es geht ihm primär darum, wer die Liebe hat.

Mein Gebet für die Einheit der Kirche stammt aus der Didachè, der Zwölfapostellehre, einer frühchristlichen Gemeindeordnung; vermutlich im ersten Jahrhundert in Syrien entstanden:

„Wie dieses Brot zerstreut war über die Hügel hin und nun, zusammengebracht, eines geworden ist, also werde zusammengebracht deine Kirche von den Enden der Erde in dein Reich."

In der Konstitution ‚Lumen Gentium' des Zweiten Vatikanischen Konzils sagten die Väter über die anderen Konfessionen:
„Mit jenen, die durch die Taufe der Ehre des Christennamens teilhaft sind, den vollen Glauben aber nicht bekennen oder die Einheit der Gemeinschaft unter dem Nachfolger Petri nicht wahren, weiß sich die Kirche aus mehrfachem Grunde verbunden. Viele nämlich halten die Schrift als Glaubens- und Lebensnorm in Ehren, zeigen einen aufrichtigen religiösen Eifer, glauben in Liebe an Gott, den allmächtigen Vater, und an Christus, den Sohn Gottes und Erlöser, empfangen das Zeichen der Taufe, wodurch sie mit Christus verbunden werden; ja sie anerkennen und empfangen auch andere Sakramente in ihren eigenen Kirchen oder kirchlichen Gemeinschaften. Mehrere unter ihnen besitzen auch einen Episkopat, feiern die heilige Eucharistie und pflegen die Verehrung der jungfräulichen Gottesmutter. Dazu kommt die Gemeinschaft im Gebet und in anderen geistlichen Gütern; ja sogar eine wahre Verbindung im Heiligen Geiste, der in Gaben und Gnaden auch in ihnen mit seiner heiligenden Kraft wirksam ist und manche von ihnen

bis zur Vergießung des Blutes gestärkt hat. So erweckt der Geist in allen Jüngern Christi Sehnsucht und Tat, dass alle in der von Christus angeordneten Weise in der einen Herde unter dem einen Hirten in Frieden geeint werden mögen. Um dies zu erlangen, betet, hofft und wirkt die Mutter Kirche unaufhörlich, ermahnt sie ihre Söhne zur Läuterung und Erneuerung, damit das Zeichen Christi auf dem Antlitz der Kirche klarer erstrahle."

Dies ist ein Dokument nicht der Abgrenzung, nicht der Verurteilung; es ist eine Aussage, die Gemeinsames sucht und mit Hochachtung erfüllt ist. So auch im Ökumene-Dekret des 2. Vatikanums:

„Der Herr der Geschichte aber, der seinen Gnadenplan mit uns Sündern in Weisheit und Langmut verfolgt, hat in jüngster Zeit begonnen, über die gespaltene Christenheit ernste Reue und Sehnsucht nach Einheit reichlicher auszugießen. Von dieser Gnade sind heute überall sehr viele Menschen ergriffen, und auch unter unsern getrennten Brüdern ist unter der Einwirkung der Gnade des Heiligen Geistes eine sich von Tag zu Tag ausbreitende Bewegung zur Wiederherstellung der Einheit aller Christen entstanden. Diese Einheitsbewegung, die man als ökumenische Bewegung bezeichnet, wird von Menschen getragen, die den dreieinigen Gott anrufen und Jesus als Herrn und Erlöser bekennen, und zwar nicht nur einzeln für sich, sondern auch in ihren Gemeinschaften, in denen sie die frohe

Botschaft vernommen haben und die sie ihre Kirche und Gottes Kirche nennen."
Diese alten Texte sind doch auch heute noch hoch aktuell.
Ich sage es mit meinen eigenen Worten: Wir sind das eine Volk Gottes und müssen es immer mehr werden. Noch gibt es auf dem Weg des Volkes Gottes verschiedene Abteilungen, verschiedene Gruppen, aber alle haben das gleiche Wegziel: Damit Gott alles in allem werde. Ökumene ist wesentlich nicht nur eine Frage des Glaubens sondern der Liebe.

Miteinander unterwegs sein, miteinander reden und handeln in Deutschland
Mir hat sehr gefallen, was Kardinal Marx nach der letzten Bischofskonferenz gesagt hat: Er sprach am 14.3.2019 davon, wie tief betroffen auch die Gläubigen über den Missbrauch durch Priester seien. Er sprach vom Versprechen der Bischöfe, den Weg der Erneuerung und der Veränderung „nicht abgeschlossen vom Volk Gottes", sondern miteinander zu gehen, einen verbindlichen synodalen Weg zu beginnen. Später ergänzte er in einem Interview: "Ich habe mehrere Jahre gebraucht, um mir dessen bewusst zu werden, aber es scheint mir offensichtlich, dass wir keine Bischofssynode mehr einberufen können, ohne Laien, Frauen und Männer einzuladen".

Mir hat gefallen, wie Kardinal Woelki einmal geschrieben hat, es solle in der Kirche keine Wagenburg-Mentalität geben, sondern Wachstum und Aufbruch, keinen unreflektierten Traditionalismus. Wenn die Kirche heute einen synodalen Weg geht, dann macht sie sich doch nicht gemein mit zu verurteilenden Erscheinungen des Zeitgeistes. Gott sei Dank sind die Menschen in vielen Ländern der Demokratie verpflichtet. Spricht in diesem „Zeitgeist" nicht auch der Geist Gottes? Auf dem Weg der Kirche gab es und gibt es doch immer wieder auch Synoden und Konzilien, auf denen um Wahrheit und den richtigen Weg gerungen wird. Auch Mehrheiten können irren. Klar! Aber wie schrecklich sind die Beschlüsse und einsamen Entscheidungen von Diktatoren oder diktatorischen Regimen? Pol Pot, Hitler, Stalin und viele andere. Abermillionen Tote, gemordet durch Beschlüsse einzelner, verbrecherischer Diktatoren.

Ich habe den Eindruck, dass die Zeit einsamer Beschlüsse in der Kirche vorbei ist. Der Geist der Liebe, der Geist Gottes, ist ein Geist des Miteinanders. Ich erinnere noch einmal an das Pfingstfest: *Sie alle verharrten dort einmütig im Gebet, zusammen mit den Frauen und mit Maria, der Mutter Jesu, und mit seinen Brüdern.* (Apg 1,14).

Mit den zwei Jüngern nach Emmaus gehen
Ein wunderbares Beispiel vom Miteinander-unter-wegs-Sein ist auch die Perikope von den Jüngern auf dem Weg nach Emmaus:

Und siehe, am gleichen Tag waren zwei von den Jüngern auf dem Weg in ein Dorf namens Emmaus, das sechzig Stadien von Jerusalem entfernt ist. Sie sprachen miteinander über all das, was sich ereignet hatte. Und es geschah, während sie redeten und ihre Gedanken austauschten, kam Jesus selbst hinzu und ging mit ihnen. Doch ihre Augen waren gehalten, sodass sie ihn nicht erkannten. Er fragte sie: Was sind das für Dinge, über die ihr auf eurem Weg miteinander redet? Da blieben sie traurig stehen und der eine von ihnen - er hieß Kleopas - antwortete ihm: Bist du so fremd in Jerusalem, dass du als Einziger nicht weißt, was in diesen Tagen dort geschehen ist? Er fragte sie: Was denn? Sie antworteten ihm: Das mit Jesus aus Nazaret. Er war ein Prophet, mächtig in Tat und Wort vor Gott und dem ganzen Volk. Doch unsere Hohepriester und Führer haben ihn zum Tod verurteilen und ans Kreuz schlagen lassen. Wir aber hatten gehofft, dass er der sei, der Israel erlösen werde. Und dazu ist heute schon der dritte Tag, seitdem das alles geschehen ist. Doch auch einige Frauen aus unserem Kreis haben uns in große Aufregung versetzt. Sie waren in der Frühe beim Grab, fanden aber seinen Leichnam nicht. Als sie zurückkamen, erzählten sie, es seien ihnen Engel erschie-

nen und hätten gesagt, er lebe. Einige von uns gingen dann zum Grab und fanden alles so, wie die Frauen gesagt hatten; ihn selbst aber sahen sie nicht. Da sagte er zu ihnen: Ihr Unverständigen, deren Herz zu träge ist, um alles zu glauben, was die Propheten gesagt haben. Musste nicht der Christus das erleiden und so in seine Herrlichkeit gelangen? Und er legte ihnen dar, ausgehend von Mose und allen Propheten, was in der gesamten Schrift über ihn geschrieben steht. So erreichten sie das Dorf, zu dem sie unterwegs waren. Jesus tat, als wolle er weitergehen, aber sie drängten ihn und sagten: Bleibe bei uns; denn es wird Abend, der Tag hat sich schon geneigt! Da ging er mit hinein, um bei ihnen zu bleiben. Und es geschah, als er mit ihnen bei Tisch war, nahm er das Brot, sprach den Lobpreis, brach es und gab es ihnen. Da wurden ihre Augen aufgetan und sie erkannten ihn; und er entschwand ihren Blicken. Und sie sagten zueinander: Brannte nicht unser Herz in uns, als er unterwegs mit uns redete und uns den Sinn der Schriften eröffnete? Noch in derselben Stunde brachen sie auf und kehrten nach Jerusalem zurück und sie fanden die Elf und die mit ihnen versammelt waren. (Lk 24,13 ff)

Eine so wunderbare Geschichte vom Miteinander: miteinander unterwegs sein, miteinander reden, fragen, Enttäuschungen austauschen, miteinander erleben, wie die Augen (zu)gehalten sind, aber wie doch das Herz brennt, miteinander Mahl halten und in diesem Fremden Jesus selbst erkennen.

Zweiter Exkurs: In Liebe auf dem Weg sein

Von fast der ersten bis fast zur letzten Seite der Bibel ist die Rede von Wegen, die Menschen gegangen sind – miteinander gegangen sind. „Auf dem Weg sein" ist menschliche Grundbefindlichkeit, Grunderfahrung seit es uns gibt. Wer unterwegs ist, stellt Fragen:

Woher komme ich,

wohin gehe ich,

mit wem bin ich unterwegs,

wer begleitet mich auf meinem Lebensweg?

Es sind sehr persönliche Fragen, es können aber auch gemeinschaftliche Fragen sein:

Wohin gehen wir, woher kommen wir, mit wem gehen wir

als Menschheit, als Volk, als Kirche, in Familie oder Gemeinde oder in was auch immer?

Die Bibel schildert uns immer wieder Menschen, die unterwegs sind:

Da ist Abraham, dem Auftrag folgend, *„Geh in das Land, das ich dir zeigen werde!"* Da ist Moses mit dem Volk Israel unterwegs aus der Sklaverei in die Freiheit, in das Land, in dem Milch und Honig fließen. Tobias ist unterwegs, geleitet von Raphael, dem Engel Gottes, um Sarah, seine Liebe zu suchen und zu finden. Propheten wie Elias erfüllen ihren Auftrag durch „Unterwegs-Sein"; ganze Stämme und Völker sind immer wieder unterwegs in Zeiten des Krieges und des Friedens, auf der Suche nach einer neuen Heimat, nach einem Leben in Frieden und dem kleinen Glück.

Unterwegs zu den Menschen, zu den Kranken, zu den Ausgestoßenen, den Leidenden ist Jesus Christus, sein ganzes öffentliches Wirken lang. Unterwegs mit der Botschaft vom Reich Gottes, dem Reich der Gerechtigkeit, der Liebe und des Friedens, unterwegs, bis sein Weg zum Kreuzweg wird. Aber sein Kreuzweg ist keine Sackgasse, der Weg führt weiter – aus dem Grab zur weinenden Maria Magdalena, nach Emmaus, zu den Jüngern am See, zu den Frauen nach Jerusalem. In „seiner Kirche Pilgerkleid" ist er unterwegs bis heute. Er wird unterwegs sein, bis alle Wege zum Ziel werden und einmünden in das Meer der Ewigkeit.

Betrachten wir ein wenig wie die Großen der Bibel unterwegs waren mit einer Verheißung und mit einem Auftrag.

Abraham
Sein Auftrag: *Geh in das Land, das ich dir zeigen werde.*

Seine Verheißung: *Ich will dir Segen schenken in Fülle und deine Nachkommen zahlreich machen wie die Sterne am Himmel und den Sand am Meeresstrand.* (Gen 22,17)

Ein Glaubender, das ist seit Abraham einer, der unterwegs ist, auch wenn er äußerlich sesshaft ist. Einer, der vertraut, dass sein Weg einen Ursprung und ein Ziel hat, und der für Wegweisungen offen ist. Es gibt Wege doch nur, wo auch Ziele sind.

Moses

Sein Auftrag: *Steh früh am Morgen auf, tritt vor den Pharao hin, und sag zu ihm: So spricht Jahwe, der Gott der Hebräer: Lass mein Volk ziehen, damit sie mich verehren können.* (Ex 9,13)

Seine Verheißung: *Wenn der Herr uns wohlgesinnt ist und uns in dieses Land bringt, dann schenkt er uns ein Land, in dem Milch und Honig fließen."*

Die Wegweisung: Neben Ursprung und Ziel, neben Auftrag und Verheißung kommt etwas Wesentliches dazu: die Wegweisung: *Ich bin Jahwe, dein Gott, der dich aus Ägypten geführt hat, aus dem Sklavenhaus.* (Ex 20,2) So beginnen die Zehn Gebote, damit wir nicht vergessen, dass die Zehn Gebote wesentlich mit dem Weg in die Freiheit zu tun haben, Wegweisungen zur Freiheit sind. Die treffendere Übersetzung ist nicht ‚Gebot', sondern ‚Weisung', Wegweisung: Weisung zum Glauben an einen Gott, der in Freiheit führt (Gebote 1-3); Weisung, dass du Freiheit und Glück nicht gegen, sondern nur mit und in Verantwortung für deine Mitmenschen gewinnen kannst (Gebote 4-10); Weisung, nicht zu begehren, denn Begierden zerstören die innere Freiheit (Gebote 9 und 10). Die Weisungen Gottes gipfeln in der einen, in der Weisung zur Liebe.

Rut

Welch eine wunderbare Freundschaft, welch eine Weggemeinschaft von zwei Frauen:

Da erhoben sie ihre Stimme und weinten noch mehr. Und Orpa küsste ihre Schwiegermutter, Rut aber ließ nicht von ihr. Sie aber sprach: Siehe, deine Schwägerin ist umgekehrt zu ihrem Volk und zu ihrem Gott; kehre auch du um, deiner Schwägerin nach. Rut antwortete: Bedränge mich nicht, dass ich dich verlassen und von dir umkehren sollte. Wo du hingehst, da will ich auch hingehen; wo du bleibst, da bleibe ich auch. Dein Volk ist mein Volk, und dein Gott ist mein Gott. Wo du stirbst, da sterbe ich auch, da will ich auch begraben werden. Der Herr tue mir dies und das, nur der Tod wird mich und dich scheiden. Als sie nun sah, dass sie festen Sinnes war, mit ihr zu gehen, ließ sie ab, ihr zuzureden. So gingen die beiden miteinander, bis sie nach Bethlehem kamen. (Rut 1,14ff)

Tobias und Raphael

Tobit ruft seinen Sohn Tobias. Da er den Tod erwartet, ermahnt er seinen Sohn, Gott in den Menschen zu dienen und vor allem großzügig zu helfen, wo immer er kann:

Hast du viel, so gib reichlich von dem, was du besitzt; hast Du wenig, dann zögere nicht, auch mit dem Wenigen Gutes zu tun. [...] Wer aus Barmherzigkeit hilft, der bringt dem Höchsten eine Gabe dar, die ihm gefällt. (Tob 4,8 & 11)

Unter Raphaels Führung, der sich in Menschengestalt als Begleiter angeboten hat, reist Tobias nach Medien, trifft und heiratet Sara, besiegt Aschmodai und kehrt sicher zu seinem Vater nach Ninive zurück. Tobit wird geheilt, und Saras Hochzeit mit Tobias wird sieben Tage lang fröhlich gefeiert.

Johannes der Täufer

In der Verkündigung des ‚Vorläufers' spielt das Bildwort vom Weg eine große Rolle:

Markus schreibt: *Anfang des Evangeliums von Jesus Christus, dem Sohn Gottes. Es begann, wie es bei dem Propheten Jesaja steht: Ich sende meinen Boten vor dir her; er soll den Weg für dich bahnen. Eine Stimme ruft in der Wüste: Bereitet dem Herrn den Weg! Ebnet ihm die Straßen! So trat Johannes der Täufer in der Wüste auf und verkündigte Umkehr und Taufe zur Vergebung der Sünden.* (Mk 1,1ff) Lukas ergänzt aus Isaias: *Jede Schlucht soll aufgefüllt werden, jeder Berg und Hügel sich senken. Was krumm ist, soll gerade werden, was uneben ist, soll zum ebenen Weg werden. Und alle Menschen werden das Heil sehen, das von Gott kommt.* (Lk 3,5 ff) In Jesus Christus, so glaubt und verkündet er, ist dieses Heil Gottes gekommen.

Jesus Christus

Die Evangelien berichten fast ausschließlich von Jesus, wie er unterwegs ist. Unterwegs, Menschen zu suchen und zu finden. Unterwegs mit der Botschaft vom Reich Gottes, dem Reich der Gerechtigkeit, der Liebe und des Friedens. Auf diesem Weg verkündet er sein Evangelium in Wort und Tat, mit Kopf und Herz. Der Rabbi aus Nazareth wandert mit seinen Jüngerinnen und Jüngern durch die Felder von Galiläa. Mehr Menschen schließen sich ihnen an. Sie spüren: Hier geschieht etwas Wichtiges für mich. Sie erfahren, dass Blinden die Augen geöffnet werden, dass Gelähmte aufstehen und losgehen, dass Taube zu hören beginnen. Sie sind dabei, als Jesus die Friedensstifter selig preist und den Sanftmütigen das Erdreich verheißt. So ziehen sie durch die Felder von Galiläa und spüren, dass Gott bei ihnen ist.

Von der erlösenden Liebe Gottes hören die Kranken, die Besessenen und Leidenden, die Mühseligen und Beladenen, die Verstoßenen, die schuldig Gewordenen. Sie hören nicht nur davon, sie erleben auch die Botschaft – am eigenen Leib, in der eigenen Seele.

In unfassbarer, unüberbietbarer Solidarität mit allen, die ein Kreuz zu tragen haben, geht Jesus schließlich auch seinen **Kreuzweg**. Auch dieser Weg ist ein Weg zu den Menschen und für die Menschen. Seine Wege sind immer Wege für und zu uns

Menschen. Sein Kreuzweg ist keine Sackgasse, aus der es kein Entrinnen, kein Weiterkommen gibt. Auch das gilt jetzt durch alle Zeiten und Jahrhunderte: Der Weg führt in die Weite, die Freiheit, die Herrlichkeit eines neuen, von Gott geschenkten Lebens. Als Erste erfahren die Frauen davon. Dann, auf dem Weg nach Emmaus zwei seiner Jünger. Ihr Herz brennt und in Emmaus werden ihnen die Augen aufgehen. Den anderen Jüngern geht er voraus auf dem Weg nach Galiläa. Sein Weg zum Vater führt nicht weg von den Jüngern. Seine Kirche lebt von der Verheißung: *Ich bleibe bei euch, alle Tage, bis an das Ende der Welt.* (Mt 28,20)

In vielen Gleichnissen erzählt Jesus aus Nazareth von Wegen:

Der bekannteste ist der Weg der Barmherzigkeit, der Weg von Jerusalem nach Jericho: Einer fällt unter die Räuber, andere gehen vorüber, einer hilft.

Dann ist da der Weg der Versöhnung: Ein Sohn gerät auf Irrwege und Abwege. Er findet jedoch zurück und auf diesem Weg kommt ihm sein Vater entgegen. „Mein Vater..." – „Mein Sohn ..." – Versöhnung geschieht.

Maria macht sich auf den Weg übers Gebirge zu Elisabeth, um ihr beizustehen. Der Weg der Hilfsbereitschaft mündet in ein Gotteslob: *Meine Seele preist die Größe des Herrn, und mein Geist jubelt über Gott, meinen Retter.* (Lk 1,46 f)

Aber Weg ist auch Entscheidung. Jesus sagt: *Geht durch das enge Tor! Denn das Tor ist weit, das ins*

Verderben führt, und der Weg dahin ist breit, und viele gehen auf ihm. Aber das Tor, das zum Leben führt, ist eng, und der Weg dahin ist schmal, und nur wenige finden ihn. (Mt 7,13 f)

Dies sind nur einige Beispiele für die Bedeutung des Weges im Neuen Testament. Im Johannesevangelium bezeichnet Jesus sich selbst als Weg: *Ich bin der Weg, die Wahrheit und das Leben.* (Joh 14,6)

Jesus, ein Weg, der begehbar ist. Er selbst lädt ein, diesen Weg zu betreten in seiner Nachfolge. Jesus ist einer, der den Weg erschließt, eröffnet, ja selber Weg ist: Weg zum Vater, Weg zur Versöhnung, Weg zur Freiheit, Weg zur Vergebung, Weg zur Liebe, Weg in ein gelobtes Land, in das Reich Gottes eben für alle und in allen Zeiten; Weg, der durch den Tod hindurch ins Leben führt. Welch ein Weg, welch ein Ziel!

Im Kirchenlied singen wir: „Er ist der Weg, auf dem wir gehen, die Wahrheit, der wir trauen. Er will als Bruder bei uns stehn, bis wir im Glanz ihn schauen. (GL Lied 158)

Petrus

Auf diesem Weg, der „Via Appia", ist Petrus in der Nachfolge seines Herrn gegangen und, als er ängstlich wieder zurück wollte, hat ihm sein Herr wieder geholfen, auf dem Weg zu bleiben. „Quo vadis, domine? Wohin gehst du?"

Auf diesem Weg und auf nahezu allen Straßen des riesigen römischen Reiches ist in der Nachfolge Jesu auch ein anderer gegangen:

Paulus

Von drei großen Missionsreisen zu Land und zur See wissen wir, auf denen Paulus mit der unerschütterlichen Gewissheit unterwegs war, dass der Herr selbst sein Weg, seine Wahrheit, sein Leben ist.

Über seine Wege schreibt er: *Ich ertrug mehr Mühsal, war häufiger im Gefängnis, wurde mehr geschlagen, war oft in Todesgefahr. Fünfmal erhielt ich von Juden die neununddreißig Hiebe; dreimal wurde ich ausgepeitscht, einmal gesteinigt, dreimal erlitt ich Schiffbruch, eine Nacht und einen Tag trieb ich auf hoher See. Ich war oft auf Reisen, gefährdet durch Flüsse, gefährdet durch Räuber, gefährdet durch das eigene Volk, gefährdet durch Heiden, gefährdet in der Stadt, gefährdet in der Wüste, gefährdet auf dem Meer, gefährdet durch falsche Brüder. Ich erduldete Mühsal und Plage, durchwachte viele Nächte, ertrug Hunger und Durst, häufiges Fasten, Kälte und Blöße. Um von allem andern zu schweigen, weise ich noch auf den täglichen Andrang zu mir und die Sorge für alle Gemeinden hin. [...] Wenn schon geprahlt sein muss, will ich mit meiner Schwachheit prahlen. Gott, der Vater Jesu, des Herrn, er, der gepriesen ist in Ewigkeit, weiß, dass ich nicht lüge.* (2 Kor 11,23 ff)

So schildert er selbst seinen Weg. In Jesus Christus hat Gott allen Völkern sein Heil zugesagt. Das war für ihn keine bloße Theorie, das war sein Leben und dafür ist er gestorben. Christus ist mit ihm auf dem Weg.

Nach Paulus haben sich viele auf den Weg gemacht, das Evangelium Jesu Christi den Menschen nahe zu bringen, auch unseren Vorfahren. Viele haben die Botschaft angenommen, andere nicht.

Es gab und gibt viele Wege – es gab und gibt aber auch viele Irrwege. Einen wunderbaren Weg ist Franziskus gegangen.

Franziskus auf dem Weg mit seinen Weggefährten

Im Leben des Heiligen Franziskus gibt es zwei wunderbare Versöhnungswege:

Da ist seine Reise nach Rom 1210. Er reist zum mächtigsten Papst der Kirchengeschichte, um sich seinen Orden bestätigen zu lassen. Der große Innozenz III. sieht im Traum die Mauern der Kirche wanken und von Franziskus gestützt. Franziskus, der Poverello, hat seine Armutsbewegung mit der damals so mächtigen Kirche versöhnt.

1219 reist er in den Orient. Mit Kreuzfahrerschiffen gelangt er mit einigen Brüdern im Juli August 1219 nach Ägypten, wo die Brüder die brutale Wirklichkeit und die Wirren des fünften Kreuzzuges persönlich erleben. Die Ausschweifung im Lager der Kreuzfahrer, ihre Streit- und Habsucht überzeugen Franziskus, dass es hier um keinen 'gerechten Krieg' geht. Mit einem Bruder durchquert Franziskus das Niemandsland zwischen den Heereslagern und gelangt so zum Sultan. Wenn auch Franziskus´ Begegnung mit dem Sultan der Muslime keinen greifbaren, nachweisbaren Erfolg gezeitigt hat, so darf man doch als sicher ansehen, dass ihn seine Erlebnisse im Orient zu einer fruchtbaren Erkenntnis geführt haben: zur Mission der Gewaltlosigkeit, zur einer Mission ohne Streben nach Macht. Möglicherweise ist die 'Erfolglosigkeit' des Franziskus der eigentliche Durchbruch für ein neues Missionsverständnis geworden und somit ein viel größerer Erfolg als eine gewaltsame Mission, was wir allerdings erst allmählich zu entdecken beginnen.

Edith Stein

Geboren in Breslau am 12. Oktober 1891, dem Versöhnungstag Yom Kippur, im jüdischen Glauben erzogen; als Gymnasiastin und Studentin ungläubig geworden.
Frauenrechtlerin, Schülerin des Philosophen Edmund Husserl. Promotion und wissenschaftliche Assistentin bei Husserl.
Konvertiert 1922 zum Christentum.
Gymnasiallehrerin, Dozentin eines wissenschaftlichen Instituts in Münster, Referentin auf europäischen Kongressen. 1933 Berufsverbot.

Eintritt in das Kölner Kloster der Karmelitinnen; ihr Ordensname: Schwester Teresia Benedikta vom Kreuz.

Aus politischen Gründen Wechsel in den Karmel von Echt in den Niederlanden.

Anfang August 1942 – nach einem holländischen Hirtenwort zur Judenverfolgung – von der Gestapo abgeholt. Zusammen mit 986 Männern, Frauen und Kindern inhaftiert. Am 7. August 1942 nach Auschwitz deportiert. Zwei Tage später Tod in einer Gaskammer.

Edith Stein zu ihrer Schwester während der Deportation nach Auschwitz: „Gehen wir den Weg für unser Volk!"

DIE ZWEIFEL - UND WENN ALLES DOCH ANDERS WÄRE?

Ich gestehe, dass mir dieses letzte Kapitel das wichtigste, das liebste ist. Es geht um unsere Zweifel. Wir haben sie, wir können sie annehmen, aufnehmen, damit umgehen, wir können aber auch weiter fragen, tiefer fragen, wie Maria im Lukasevangelium: Wie kann es sein, wie kann es geschehen?

Der Tunnel

In seiner Kurzgeschichte „Der Tunnel" erzählt der Schweizer Dramatiker Friedrich Dürrenmatt von einem Angsttraum, ein Angsttraum sicher vieler Menschen:
Ein vierundzwanzigjähriger Student steigt eines Sonntagnachmittags in den gewohnten Zug, Abfahrt siebzehn Uhr fünfzig, Ankunft neunzehn Uhr siebenundzwanzig, um anderentags ein Seminar zu besuchen. Doch auf dieser Strecke, die er oft fährt, fällt ihm auf, dass der Zug ungewöhnlich lange durch einen eigentlich sehr kurzen Tunnel rast, den er sonst nie sonderlich bemerkt hat. Die Unruhe des Studenten wächst, während die Mitreisenden nicht beunruhigt sind. Der Schaffner versichert auf Anfrage, dass alles in Ordnung sei. Der 24-Jährige stößt zum Zugführer durch, der sich

den langen Tunnel ebenfalls nicht erklären kann. Gemeinsam schaffen sie es, zur Lokomotive zu klettern. Der Führerraum ist leer, der Lokomotivführer schon nach fünf Minuten abgesprungen, der Zugführer aber an Bord geblieben – er sagt, er habe schon „immer ohne Hoffnung gelebt". Die Lokomotive gehorcht nicht mehr, die Notbremse funktioniert nicht, und der Zug rast immer schneller und schneller in den dunklen Abgrund.

Am Ende steht die Frage: „Was sollen wir tun?" – und die Antwort: „Nichts (...)"

Es ist eine surreale Geschichte voll Lebensangst, voll Zukunftsangst, voll Todesangst. Am Ende meines Lebens geht es immer schneller im Zug meines Lebens. Dann kommt ein Tunnel, da fahre ich hinein, aber nie wieder hinaus. Es wird nie mehr hell. Es gibt keinen Zugführer und niemand weiß eine Antwort, auch der Schaffner nicht. Und am Ende die verzweifelte Frage: „Was sollen wir tun?" – und die hoffnungslose Antwort: „Nichts (...)"

Welch' grausiges Bild von der Zukunft. Wie anders ist da die christliche Botschaft: Am Ende des Tunnels wird Licht und Leben sein. Er wird da sein.

Gegen das Lebensgefühl von trostloser Angst, von Aussichtslosigkeit und abgrundtiefer Verzweiflung gibt es eine Botschaft des kommenden Reichs Gottes, eine Botschaft gegen alle Lebens- und Todesangst. Gewiss, es gibt diesen Tunnel, aber am Ende des Tunnels ist wieder Licht, wir haben eine Zukunft.

Das ist unsere Hoffnung, aber wir wissen es nicht; kein Mensch hat je den Tunnel vermessen. Jedoch auch diejenigen, die behaupten, es gebe kein Licht am Ende des Tunnels, haben den Tunnel nicht vermessen, wissen nichts, haben lediglich kein Vertrauen.

Das große Vielleicht

Joseph Ratzinger, der spätere Papst Benedikt XVI., erzählt in seiner Einführung in den christlichen Glauben von einem jungen Mann, der fest von seinem Atheismus überzeugt ist. Er besucht seinen alten Rabbi und will ihm Argumente gegen dessen Glauben unterbreiten, will ihm seinen Glauben auseinandernehmen und zu seinem Atheismus bekehren. Der Rabbi bemerkt seinen Besucher kaum. Mit der Bibel in der Hand geht er in seinem Arbeitszimmer auf und ab. Er liest ein Stück aus der Bibel und murmelt dann vor sich hin: „Vielleicht ist es wahr, ist es wirklich wahr!" Jedes vom Rabbi gemurmelte „Vielleicht" erschüttert den jungen Mann zutiefst, bringt ihn ans Fragen. Er zieht wieder ab mit all seinen Argumenten.

Ist nicht dieses „Vielleicht" auch schon ein Glaubenszeugnis: „Vielleicht ist es wahr, ist es wirklich wahr?"

Der alte Hirte

Eine Geschichte vom Zweifel und Glauben, von der Kraft eines „Vielleicht" ist auch die Legende vom alten Hirten in Bethlehem:

Er ist mir nicht unsympathisch, der alte Hirte. Ihn prägt eine Portion gesunder Skepsis, besonders dann, wenn ihm da jemand etwas von Engeln erzählen will und einer himmlischen Botschaft und so. Als alles nach Bethlehem zu diesem Stall losrennt, bleibt er sitzen. Er stochert im Feuer herum und hängt seinen Gedanken nach.

`Engel? Gibt's doch nicht, oder? Fantastereien, Trugbilder, was für Spinner! Nein, nicht wirklich, nicht hier! Wenn Gott in diese Welt kommt, dann doch bestimmt nicht in einen Stall. Dann doch bestimmt nicht hier – bei uns! Aber was wäre, wenn da doch etwas dran wäre?´

Die Frage lässt ihn nicht los. Vielleicht ist da wirklich ein Kind geboren – in diesem Stall? Je länger er da sitzt – in der Nacht, am Feuer, in der Stille – umso heftiger bewegen ihn diese Fragen: `Und wenn es doch wahr wäre, und wenn es doch Engel gäbe und eine Botschaft und das Kind?´

Beim Morgengrauen nimmt er seine Krücken – die hat er sich schon vor Jahren zurechtgeschnitten, weil ihm seine Beine nicht mehr gehorchen, er nimmt also seine Krücken und humpelt Richtung Bethlehem. Er braucht lange. Er findet auch den Stall, von weitem sieht er, wie der Wind die Tür auf- und zuschlägt. Er geht hinein. Niemand ist da.

Keine Hirten, keine Familie, kein Neugeborenes, keine Engel. Also doch: alles Lug und Trug, Spinnerei. Er hat also Recht gehabt mit seiner Skepsis. Ihm kann man nichts vormachen! Oder? Dann sieht er den Lehmboden. Er ist zertreten von vielen Fußspuren. Ob da vielleicht doch ...? Er sieht die Futterkrippe, sieht Heu und Stroh und im Stroh dann diese kleine Mulde, die Kuhle, gerade passend für einen Säugling.

Lange starrt er auf die Mulde im Stroh der Krippe. Ob da vielleicht doch ...?

Aber warum ist niemand mehr da? Ob die anderen Hirten die Familie mitgenommen haben in eine bessere Unterkunft, bei sich zu Hause? Ob in der Herberge doch noch ein Platz frei geworden war?

Die Legende erzählt, wie der Hirte – in Andacht versunken – vor der Kuhle im Stroh kniet. Dann macht er sich wieder nach Hause auf. Als er schon weit weg ist, merkt er, er hat keine Krücken mehr; die hat er im Stall liegen gelassen, vergessen. Es ist ihm so leicht ums Herz – und auch leicht in den Beinen. Die Krücken vermisst er nicht mehr. Er ist auch nicht mehr traurig, die Kuhle im Stroh, das reicht ihm. Immer wieder muss er daran denken. Die Kuhle im Stroh, das ist sein Weihnachten, der Ort, wo der Himmel die Erde berührt hat.

Ja, dieses Kind hat einen bleibenden Eindruck hinterlassen bei denen, die uns von seiner Geburt, von seinem Leben und Sterben und Auferstehen berichtet haben. Mehr als die Mulde haben wir auch nicht in der Kirche zu bieten. Wir können Ihnen keine Engel zeigen, die in der Kirche herumschwirren, keinen echten, holden Knaben im lockigen Haar. Wir kommen zu spät, wie dieser alte Hirte. Aber wir haben eine Mulde – nicht im Stroh, vielmehr einen Eindruck im Herzen so vieler Menschen, die an ihn geglaubt, die ihn aufgenommen haben, eine Mulde im Herzen, die auch jede Feier der Eucharistie hinterlässt. Das ist der Ort in uns, wo der Himmel die Erde berührt, wo uns der Himmel geküsst hat.

> Es war, als hätt' der Himmel
> Die Erde still geküsst,
> Dass sie im Blütenschimmer
> Von ihm nun träumen müsst.
> (Joseph von Eichendorff)

Der Sturm auf dem Meer

Das Evangelium vom Sturm auf dem Meer ist eine Geschichte gegen alle Angst, gegen die Verzagtheit, den Kleinmut:

Gleich darauf drängte er die Jünger, ins Boot zu steigen und an das andere Ufer vorauszufahren. Inzwischen wollte er die Leute nach Hause schicken. Nachdem er sie weggeschickt hatte, stieg er auf einen Berg, um für sich allein zu beten. Als es Abend wurde, war er allein dort. Das Boot aber war schon viele Stadien vom Land entfernt und wurde von den

Wellen hin und her geworfen; denn sie hatten Ge-
genwind. In der vierten Nachtwache kam er zu
ihnen; er ging auf dem See. Als ihn die Jünger über
den See kommen sahen, erschraken sie, weil sie
meinten, es sei ein Gespenst, und sie schrien vor
Angst. Doch sogleich sprach Jesus zu ihnen und
sagte: Habt Vertrauen, ich bin es; fürchtet euch
nicht! Petrus erwiderte ihm und sagte: Herr, wenn
du es bist, so befiehl, dass ich auf dem Wasser zu dir
komme! Jesus sagte: Komm! Da stieg Petrus aus dem
Boot und kam über das Wasser zu Jesus. Als er aber
den heftigen Wind bemerkte, bekam er Angst. Und
als er begann unterzugehen, schrie er: Herr, rette
mich! Jesus streckte sofort die Hand aus, ergriff ihn
und sagte zu ihm: Du Kleingläubiger, warum hast du
gezweifelt? Und als sie ins Boot gestiegen waren,
legte sich der Wind. Die Jünger im Boot aber fielen
vor Jesus nieder und sagten: Wahrhaftig, Gottes
Sohn bist du.
(Mt 14,22 ff)
Sturm und Wellen brechen über das Schiff herein,
die Jünger wecken in ihrer Angst den Herrn. Er ge-
bietet dem Sturm und den Wellen. Der See beru-
higt sich. Warum habt ihr solche Angst? Das ist die
Frage Jesu an seine Jünger und an uns.
Mich erinnert dieses Evangelium an den atheistischen französischen Philosophen Jean Paul Sartre.
Der sagte einmal im Hinblick auf die Welt:
„Sie ist ein dunkler Kahn auf einem dunklen Meer
unter einem dunklen Himmel – ohne Kompass –

mit einem Steuermann an Bord, der taub und blind ist. Darum ist die Grundbefindlichkeit der Schiffspassagiere die Angst".

Von der Angst ist auch im Evangelium die Rede. Kein Wunder, denn die Wellen schlagen ins Boot, es tobt ein heftiger Wirbelsturm.

Aber welch ein Unterschied zu Sartres Schiff. Da ist nicht die blinde und taube Schicksalsmacht am Ruder, blind für die Not und taub für die Hilferufe der Menschen; da sind auch der dunkle Himmel und das dunkle Meer, aber da ist jemand an Bord, den ich wecken kann. Jemand, der nicht blind und taub ist für uns, sondern uns wahrnimmt, uns hört und uns antwortet.

Wer hat Recht? Treiben wir wirklich richtungslos auf einem dunklen Meer unter einem dunklen Himmel daher – ohne Kompass –, geführt nur von einer blinden und tauben Macht?

Wer hat Recht? Sartre oder das Evangelium?

Meister, kümmert es dich nicht, dass wir zu Grunde gehen? (Mk 4,38)

Die ganze Welt leidet heute unter dem Corona-Virus:

Meister, kümmert es dich nicht, dass wir zu Grunde gehen?

Das ist unser Gebet im Schiff, das wir Kirche nennen, ein Schiff, das von Stürmen gepeitscht wird und in das Wellen zu schlagen drohen, auch und besonders heute. Eine Welle, die heute ins Schiff der Kirche schlägt, ist der sexuelle Missbrauch von

Kindern und Jugendlichen durch Seelsorger. Immer wieder neue und erschreckende Nachrichten über diese kriminellen Handlungen nicht nur bei uns, auch in der Weltkirche.

Meister, kümmert es dich nicht, dass wir zu Grunde gehen?

Eine weitere Welle ist der Kirchenaustritt – man spricht ja sogar von einer `Kirchenaustrittswelle´. Fakt ist: Die Zahlen gehen zurück, die der Gottesdienstbesucher, die der Taufen und Hochzeiten und kirchlichen Beerdigungen. Religion spielt eine immer geringer werdende Rolle im öffentlichen Leben.

Meister, kümmert es dich nicht, dass wir zu Grunde gehen?

Eine weitere Welle nenne ich ‚Glaubens-Verlust´.

In dem großen ehemals ganz katholischen Süd- und Mittelamerika gehört mittlerweile jeder 4. Einwohner einer Sekte an. Und bei uns: Nur die Hälfte der Deutschen glaubt noch an einen Gott.

Glauben die wirklich alle, dass wir richtungslos auf einem dunklen Meer unter einem dunklen Himmel treiben – ohne Kompass –, geführt nur von einer blinden und tauben Macht?

Währen ich diese Zeilen schreibe, kommen täglich neue Hiobsbotschaften vom Wüten des Corona-Virus in der Welt.

Das Gebet, die Frage der Jünger ist auch meine:

Meister, kümmert es dich nicht, dass wir zu Grunde gehen?

Zu wem sollten wir sonst gehen?

Mit dem Glauben kommen auch die Zweifel. Ganz zwangsläufig. Ich gestehe, dass mir bei Zweifeln, die auch mich beschleichen, diese Antwort des Petrus weiterhilft:

Zu wem sollten wir gehen? Du hast Worte des ewigen Lebens. (Joh 6,68).

Ich stelle mich dieser Frage: Zu wem könnte ich denn sonst gehen, wem sonst könnte ich nachlaufen, an wem sonst mein Leben ausrichten, wem sonst vertrauen im Leben und im Sterben?

Und dann lasse ich die anderen Möglichkeiten an meinem geistigen Auge vorüberziehen: Zu wem könnte ich denn sonst gehen?

Etwa zu denen, die Kriege führen, die Gewalt und Hass predigen, die Gott zu einem Unterdrückungsinstrument machen? Zu denen, die ihre Religion missbrauchen?

Oder soll ich nicht dem Gott vertrauen, der die Liebe ist, dessen Name Barmherzigkeit ist, der Gewaltlosigkeit gepredigt hat? Soll ich nicht doch dem nachfolgen, der lieber selbst gelitten hat und das Kreuz genommen hat, als anderen Leid zuzufügen?

Ich denke weiter an die großen Ideologien unserer Zeit. Soll ich Kommunist werden und die Gleichheit aller Menschen mit Gewalt erzwingen wollen? Oder soll ich Volk und Rasse verherrlichen und sie über andere stellen, also ein Rassist werden? Oder soll ich nicht doch lieber dem glauben, der gesagt hat, dass alle Menschen Gottes Heil schauen werden, dem vertrauen, der für alle gestorben ist?

Zu wem sollen wir gehen – zu wem sollte ich gehen?

Soll ich mich zu denen gesellen, deren Gott Besitz, immenser Reichtum, Konsum oder Macht ist? Oder mich zu dem bekennen, der arm geboren und arm gelebt hat, der die Armen seliggepriesen hat?

Soll ich zu denen gehen, die etwa den Dionysos, den Gott des Weines verehren? Soll ich zu den vielen gehören, die keine Hoffnung haben – wie Bertolt Brecht etwa: „Ihr sterbt mit allen Tieren und es kommt nichts danach!"? Soll ich Sartre glauben: „Die Welt ist ein dunkler Kahn auf einem dunklen Meer unter einem dunklen Himmel mit einem Steuermann an Bord, der blind und taub ist."? Soll ich zu meinem Computer gehen und ihn hochfahren? Gibt er eine Antwort?

In der Roman- und Hörspielreihe ‚Per Anhalter durch die Galaxis' wird ein Riesencomputer mit der Frage nach dem Sinn vom Leben, dem Universum und dem ganzen Rest gefragt. Nach Millionen Jahren Rechenzeit gibt er die Antwort: 42! Computer können eine Sinnfrage natürlich nicht beantworten, auch nicht mathematische Formeln und Algorithmen.

Ich möchte mit William Shakespeare bekennen:

„Es gibt mehr Dinge zwischen Himmel und Erde, als die Schulweisheit uns glauben lässt!" Ist wirklich in der Welt nur Materie, kein Geist in allem und über allem? Ist nicht die Tatsache, dass die Natur-gesetze mathematisch verfasst sind, ein Hinweis auf den Geist in der Welt? Ist nicht doch die ganze Schöpfung so wundervoll, so geistvoll? Wem soll ich in meinem Leben und Sterben vertrauen? Wenn ich mir dann all die Möglichkeiten, all die an-deren Götter oder Gottesvorstellungen, all die Le-bensentwürfe vorstelle, dann schneidet auf einmal Jesus Christus gar nicht so schlecht ab und die Frage und das Bekenntnis des Petrus kann ich de-mütig nachfühlen, nachbeten: *Herr, zu wem sollen wir sonst gehen? Du hast Worte des ewigen Lebens.* (Joh 6,68)

Es gilt, was Anton Zeilinger sagt: „Wenn wir die Existenz Gottes beweisen könnten, wäre das das Ende der Religion. Der Glaube hätte keine Bedeu-tung mehr."

Liebe kann man letztlich nicht beweisen, zur Liebe muss man sich entscheiden, da muss ich vertrauen. Deshalb kann man auch Gott nicht beweisen, da kann ich nur vertrauen.

„Es gibt keinen Glauben ohne Zweifel. Aber der Glaubende kann sich damit trösten, dass auch der Nichtglaubende manchmal zweifelt."
(Joseph Ratzinger)

Nur das glauben, was man sich vorstellen kann?

Eine Zeitreise

Ich nehme Sie jetzt mit auf einen Ausflug, auf eine Zeitreise in die Geschichte unseres Weltalls und unserer Erde. Machen Sie es sich bequem, lehnen Sie sich zurück. Es geht los.

Vor etwa 14 Milliarden Jahren war der unvorstellbar große Kosmos ein winziger, unvorstellbar kleiner Punkt. Alles hat hier seinen Anfang genommen, die Welt, auch du und ich. Jeder noch so kleine Baustein unseres Körpers war dabei. Weil wir dabei waren, können wir uns doch auch unterhalten mit diesem unvorstellbaren kleinen Punkt, dem Urknall. Stellen wir uns vor, wir würden diesem kleinen Punkt erklären wollen, dass aus ihm einmal ein riesengroßes, unvorstellbar großes Weltall wird mit über 100 Milliarden Galaxien und in jeder Galaxie über 100 Milliarden Sonnen. Dieser Urknall würde uns für verrückt halten. Was ich mir nicht vorstellen kann, gibt es nicht, kann es nicht geben. Nicht wahr, dieser Satz kommt uns bekannt vor, ich selbst habe ihn oft gehört.

Es geht weiter: Eine von 100 Milliarden Sonnen in 100 Milliarden Galaxien ist unsere Sonne. Wie viele andere auch hat sie ein Planetensystem. Einer ihrer Planeten ist die Erde, Vulkanismus, ein Gemisch von Feuer und Gas. Hätten wir dieser Erde– sagen wir vor fünf Milliarden Jahren – gesagt, dass sie einmal Heimat von vielen Milliarden Lebewesen sein wird, sie hätte ungläubig mit dem Kopf geschüttelt, wenn sie einen gehabt hätte. Wie hätte sich die damalige Erde einmal vorstellen können, was einmal sein wird?

Gehen wir zurück auf 3 Milliarden Jahre. Wie hätten sich die einzelligen Lebewesen vorstellen können, dass einmal Mehrzeller kommen werden, Leben im Wasser, auf dem Land und in der Luft?

Wer hätte sich das damals vorstellen können?

Ich könnte diese Fragestellung noch weiter fortführen, wie sich Leben, wie sich der Mensch entwickelt hat auf dieser Erde, eben unvorstellbar.

Die Zukunft – auch meine und deine Zukunft – ist eben unvorstellbar! Es gibt und es wird viel mehr geben als das, was wir uns vorstellen können.

Damit sind wir beim Thema. Die Bibel erzählt von besonderen Menschen, die der Zukunft verpflichtet waren. Nein, keine Wahrsager, die meinten, sie hätten die Zukunft im Griff; um Menschen geht es, die sich für die Zukunft Gottes geöffnet haben: Was auch immer geschehen wird, Gottes Heil wird kommen. „Allen Menschen wird zuteil Gottes Heil." (Kirchenlied) Das ist Zukunft, unvorstellbar, gewiss, aber es wird kommen.

Der Prophet des Neuen Bundes, Johannes der Täufer, sagt, nicht ‚es', er sagt ‚er' wird kommen: Einer wird kommen, dessen Schuhriemen aufzulösen ich nicht würdig bin.

In diesem einen, der kommen wird, konkretisiert sich das ganze Heil, das Gott uns schenken will.

Das ist noch unvorstellbarer als die Entwicklung des Kosmos und des Lebens auf unserer Erde.

Der, der kommen wird, ist der, der schon da ist, schon gekommen ist.

Der Prophet Johannes legt Zeugnis ab für die christliche Hoffnung.

Die ist nicht vage, unbestimmt, etwas, das am St. Nimmerleinstag geschehen wird. Einer hat das einmal sehr schön gesagt:

Christliche Hoffnung gleicht der Hoffnung einer Mutter, die „in Hoffnung" ist. Das neue Leben ist schon da, es wird nur noch offenbar!

Die Zwillinge im Gespräch

Ich sage es gleich, das Gespräch ist fingiert, aber so oder ähnlich laufen viele Gespräche ab in unserer Welt. Die Zwillinge leben im Schoß ihrer Mutter vor der Geburt.

„Wir haben es gut hier", sagt Julia, „Wir werden gut versorgt, die Nabelschnur ist eine tolle Erfindung, wir schwimmen in einem geborgenen Raum."

Andrea: „Ja, du hast Recht, manchmal denke ich aber, dass es da noch mehr gibt. Manchmal denke ich, dass es auch eine Mutter geben muss, eine Mutter, die uns trägt und hält, eine Mutter, die uns nach unserer Zeit hier ein neues Leben schenken wird. Es muss doch mehr geben als unsere kleine Welt hier."

Julia: „Ich glaube nicht an Mütter, habe noch nie welche gesehen. Ich glaube nur an das, was ich begreifen, was ich anfassen kann, was ich sehen kann.

Ich glaube an die Nabelschnur, an die Fruchtblase, aber an eine Mutter glaube ich nicht – sonst hätten wir die doch längst gesehen! Eine Mutter, das ist ein Hirngespinst, ein frommer Wunsch."

Andrea: „Und ich glaube, dass es mehr gibt als all das, was wir sehen und begreifen können. Es muss doch mehr geben. Ich glaube, dass wir getragen und gehalten sind von einer guten Mutter, ich glaube, dass wir eine Zukunft haben auch nach dem Leben hier. Ja, ich glaube, dass wir eines Tages unsere Mutter sehen werden!"

Und so geht das Gespräch weiter.

Leben wir nicht alle auch in einer scheinbar abgeschlossenen Welt?

Viele glauben, dass das alles ist, es keinen Gott gibt, keine Mutter, die uns trägt und hält. Wir haben keine Zukunft, einmal wird alles aus und vorbei sein.

Viele glauben aber auch, dass es doch eine Mutter gibt, in der wir leben, uns bewegen und sind, wie es in der Bibel heißt. Eine Mutter, die uns trägt und die uns einmal Leben in Fülle schenken wird. Wenn wir still würden, könnten wir sogar die Stimme unserer Mutter hören. Danken wir ihm oder ihr am anderen Ende der Nabelschnur, dem, den wir jetzt noch nicht sehen können, dem, der uns einmal eine Geburt zu einem neuen Leben schenken wird.

Osterglaube – eine Erfindung der Jünger?

Wer zu spät kommt, den bestraft das Leben. Wir alle kennen diesen Ausspruch Gorbatschows.

Thomas kam zu spät – eine Woche. Aber das Leben – der Lebendige – hat ihn nicht bestraft – im Gegenteil. Er hat die nagenden Zweifel des Thomas aufgenommen, angenommen und hat ihn zum Glauben geführt: *Mein Herr und mein Gott*! (Joh 20,28)

Zweifel können zielführend sein. Es gibt keinen Glauben ohne die Phasen des Zweifels, die Durchgangsstufen des Zweifels.

Thomas´ Zweifel sucht nach den Wunden Jesu. Er will wissen, ob diese Erscheinung da Jesus ist, wirklich der ist, der am Kreuz gestorben ist. Er sucht nach seinem Herrn und Gott mit den offenen Händen und dem offenen Herzen.

Unsere Zweifel heute richten sich mehr in Richtung Auferstehung. Ist Jesus wirklich von den Toten auferstanden? Gibt es das überhaupt, eine Auferstehung der Toten? Dass Jesu gelebt hat und am Kreuz gestorben ist, fällt uns leichter zu glauben. Aber ist er auferstanden?

Ich lade Sie ein, diesen Zweifel einmal ernst zu nehmen. Jesus hat ja den Thomas und seine Zweifel auch ernstgenommen.

Was wäre denn, wenn diese Auferstehung eine Erfindung der Jünger gewesen wäre? Diese Zweifel stehen schon im Matthäusevangelium. Fragen wir

weiter: Warum erfinden denn Menschen Lügenge-
schichten?

... um sich ins rechte Licht zu rücken

... um sich interessant zu machen

...um andere schlecht zu machen

...um Gerüchte in die Welt zu setzen, die einem einen eigenen Vorteil bringen.

Schauen wir uns daraufhin noch einmal die Kar-
freitags- und Ostererzählungen an: Haben die Jünger diese Geschichten erfunden, um sich selbst ins
rechte Licht zu rücken, um sich interessant zu machen?

Wenn diese Ostergeschichten von den Jüngern erfunden worden wären, dann wären sie ganz
schlecht erfunden: Keiner kommt so schlecht weg
wie die Jünger. Einer hat Jesus verraten, alle sind
sie geflohen, bis auf die Frauen – Hals über Kopf;
Petrus hat ihn verleugnet – dreimal.

Und Ostern. Die Frauen sind Zeuginnen aus erster
Hand, die Jünger nur aus zweiter Hand. Den
Frauen sind Engel erschienen, den Jüngern nicht.
Das Ereignis wird Ihnen anfangs nur von den
Frauen berichtet.

Und zudem: Frauen hatten juristisch gesehen noch
nicht einmal ein Zeugnisrecht. Wie kann man ‚erfinden', dass sie die primären Zeugen der Auferstehung gewesen sind?

Bis zur letzten Erscheinung am See von Genezareth haben die Jünger immer noch Angst und können es nicht glauben; Furcht und Zittern befällt sie, auch Petrus.

Sehen so Helden aus? Menschen, die sich ins rechte Licht setzen wollen durch Lügen?

Eines ist doch sonnenklar: Erfundene Ostergeschichten sähen ganz anders aus! Vielleicht hilft uns dieser Gedanke, das umwälzend Neue der Osterevangelien tiefer und besser zu verstehen.

Zum guten Abschluss noch eine kleine Anekdote aus der ehmaligen DDR: Die Regierung hatte Plakate aufhängen lassen: „Ohne Gott und Sonnenschein bringen wir die Ernte ein", stand darauf. Am nächsten Morgen hing ein weiteres Spruchband daneben: „Ohne Sonnenschein und Gott geht die DDR bankrott."

Ruts Glaube

Ich bin etwas einfach gestrickt. Wenn Zweifel in mir hochkriechen, dann denke ich einfach an Rut (Name geändert):

Eines meiner schönsten Glaubenserlebnisse war eine Erstkommunionfeier. Neun geistig behinderte Kinder hatten wir in der Schule vorbereitet. Oft mit sehr einfachen Mitteln. So waren wir unter einen Tisch mit einem großen Tischtuch gekrochen. ,Gott ist wie eine schützende Decke. Wir sind geborgen.'

Die Kinder gingen dann in einer Feier mit den anderen Kindern zur Kommunion. Als ich Rut, einem geistig behinderten Mädchen, die Heilige Hostie entgegenhielt, leuchteten ihre Augen und ihr Gesicht strahlte ganz intensiv, ganz stark und hell.

Ich will nicht übertreiben, aber ich sah einen überirdischen Glanz, ein wirklich himmlisches Leuchten in ihren Augen. Diesen Gesichtsausdruck habe ich mein ganzes Leben lang nicht vergessen. Was mag ihr Christus in diesem Augenblick gesagt haben? Das, worüber sich Rut so gefreut hat, sieht aus wie ein Stück Brot und schmeckt wie ein Stück Brot, aber es war doch viel mehr als ein Stück Brot, es hat sie zum Strahlen gebracht. Die Begegnung mit Christus hat ihrem Gesicht einen Glanz verliehen, ihren Augen ein Strahlen, ihrem Wesen eine Freude, ihrem Herzen eine Begegnung, die mir unvergesslich ist. Wenn ich so meine Fragen zum Glauben an die Liebe habe, dann denke ich an Rut.

Zum guten Schluss etwas Persönliches:

Als junger Pfarrer war ich zum Taufgespräch bei einer Familie eingeladen. Die junge Frau erzählte mir von der schweren Geburt, die sie gerade hinter sich gebracht hatte. Es ging wirklich um Leben und Tod.

Sie erzählte, als es ihr ganz schlecht ging, sei ich ihr wie in einem Traum ‚erschienen‘. Ich hätte ihr auf

Kölsch gesagt: „Mach de kin Sorje, de Herrjott es bei dir un hilf dir!"

Das hat mich schon etwas stolz gemacht, besonders weil Mutter und Kind nach der schweren Geburt wohlauf waren. Man kann übrigens meine Botschaft eines ganzen langen Berufslebens auch so zusammenfassen - auf Kölsch oder auf Hochdeutsch:

„Mach dir keine Sorgen, Gott ist bei dir und steht dir bei!"

Ich möchte dieses Wort auch und besonders an alle richten, denen eine Liebesbeziehung gescheitert ist oder zu scheitern droht. Auch ihnen gilt: Gott ist bei Dir und steht Dir bei, weil er die Liebe ist.

Und noch etwas: Ich erinnere mich an eine Vorlesung von Professor Ratzinger in Bonn und zitiere aus dem Gedächtnis. Er fragte: „Wenn denn das Größte die Liebe ist und wenn Gott selbst Liebe ist, wozu dann noch all das andere, das unsere Religion ausmacht?" Seine Antwort: „Wenn wir die perfekt Liebenden wären, wäre alles andere, der Glaube, die Riten und Gottesdienste, der Katechismus usw. überflüssig. Aber wir sind schwache Menschen und müssen uns immer wieder bewusstwerden und uns bewusst machen lassen, dass wir von der Liebe und für die Liebe leben." Ich darf es mit Paulus sagen: Wir sind eine Glaubensgemeinschaft, in der Glaube nicht das Größte ist sondern die Liebe.

DAS HOHELIED DER LIEBE

Wie anders könnte dieses Büchlein enden als mit dem Hymnus des Heiligen Paulus an die Liebe. (1 Kor 13, 1ff, Einheistübersetzung))

Wenn ich in den Sprachen der Menschen und Engel
redete, hätte aber die Liebe nicht,
wäre ich dröhnendes Erz oder eine lärmende
Pauke.
Und wenn ich prophetisch reden könnte
und alle Geheimnisse wüsste
und alle Erkenntnis hätte;
wenn ich alle Glaubenskraft besäße
und Berge damit versetzen könnte,
hätte aber die Liebe nicht,
wäre ich nichts.
Und wenn ich meine ganze Habe verschenkte
und wenn ich meinen Leib opferte,
um mich zu rühmen,
hätte aber die Liebe nicht, nützte es mir nichts.
Die Liebe ist langmütig,
die Liebe ist gütig.
Sie ereifert sich nicht,
sie prahlt nicht,
sie bläht sich nicht auf.
Sie handelt nicht ungehörig,
sucht nicht ihren Vorteil,
lässt sich nicht zum Zorn reizen,
trägt das Böse nicht nach.

Sie freut sich nicht über das Unrecht,
sondern freut sich an der Wahrheit.
Sie erträgt alles, glaubt alles, hofft alles,
hält allem stand. Die Liebe hört niemals auf.
Prophetisches Reden hat ein Ende,
Zungenrede verstummt,
Erkenntnis vergeht.
Denn Stückwerk ist unser Erkennen,
Stückwerk unser prophetisches Reden; wenn aber
das Vollendete kommt, vergeht alles Stückwerk.
Als ich ein Kind war,
redete ich wie ein Kind, dachte wie ein Kind
und urteilte wie ein Kind. Als ich ein Mann wurde,
legte ich ab, was Kind an mir war. Jetzt schauen wir
in einen Spiegel und sehen nur rätselhafte Umrisse,
dann aber schauen wir von Angesicht zu Angesicht.
Jetzt ist mein Erkennen Stückwerk,
dann aber werde ich durch und durch erkennen,
so wie ich auch durch und durch erkannt worden
bin. Für jetzt bleiben
Glaube, Hoffnung, Liebe, diese drei;
doch am größten unter ihnen ist die Liebe.

DANK

Herzlich danken möchte ich allen, die mir geholfen haben, meine Gedanken zu sammeln und in eine Form zu gießen. In meiner langen Zeit in der Seelsorge waren mir die Geschichten von Willi Hoffsümmer immer eine ergiebige Quelle für Predigt und Katechese. Danken möchte ich allen, die mich bei der Verfassung des Buches kritisch begleitet haben, Cornelia, Mathilde, Guido, Pia, Laszlo, Heiko. Danken möchte ich auch dir, lieber Klaus. Wenn ich schon mal etwas schreibe, ist auch immer viel zu korrigieren. Danken möchte ich Jenny für das schöne Cover und Doro für die schöne Rose. Danken möchte ich auch allen suchenden und fragenden Menschen, mit denen ich mich austauschen durfte.

Am Anfang dieses Buches steht das Staunen, am Ende steht der Dank.

Für mich persönlich ist das Staunen sicher ein Weg zu Gott. Ein noch direkterer Weg die Dankbarkeit. Ich könnte geradezu Gott so definieren: Gott ist der, dem ich dankbar sein kann, für Welt, für Leben, für Menschen, für die Liebe und für eine Zukunft im Licht.

Günther Stein

INHALT

Zum Geleit...6

DER GLAUBE 12

DIE WELT IN GUTEN HÄNDEN – GOTT SCHAFFT -
DAS WORT „BARA" 12
ERSTER EXKURS: ES WERDE LICHT, ES WERDE DIE
LIEBE 14
DIE ZEIT IN GUTEN HÄNDEN 23
MEINE ZEIT STEHT IN DEINEN HÄNDEN 28
KOSMOS, KEIN CHAOS 31
DER TÖPFER 32
GOTT – WIE EINE TRÖSTENDE MUTTER 33
EL SCHADDAI.. 34
SPONTANEITÄT UND GESCHENKTE FREIHEIT 36
DAS UNIVERSUM IST BEZIEHUNG, KEINE
BEZIEHUNGSLOSIGKEIT, IST VIELFALT, KEINE
UNIFORMITÄT. 40
WIR SIND IN GUTEN HÄNDEN............................. 41
WARUM ABER LÄSST DER GUTE GOTT UNS LEIDEN?
.... 45
LISSABON 1755... 52
MEIN GOTT, MEIN GOTT, WARUM HAST DU MICH
VERLASSEN? 54
CORONA-VIRUS 56
MENNESKET VED LITE 58
DAS STAUNEN WIEDER LERNEN 60
DIE EVOLUTION UND DER GEIST IN DER WELT 62
PSALM 139 66

DIE HOFFNUNG......................................68

KLOPFZEICHEN..68
DER TEPPICH..70
VERTRAUT DEN NEUEN WEGEN..........................71
DER NEUE HIMMEL UND DIE NEUE ERDE.............73

DIE LIEBE..75

JESUS CHRISTUS......................................75
DIE LIEBE, DIE SPRACHE DES MENSCHEN, VOM
SÄUGLINGSALTER AN...................................83
DIE ROSE..85
DER GLETSCHERHAHNENFUß ODER DAS KLIMA
DER LIEBE...86
DEM WEG DER LIEBE FOLGEN..........................87
LEBENSZEUGNISSE FÜR DIE LIEBE.....................89
SCHULD UND VERSAGEN VOR DER LIEBE.............98
WIE DIE LIEBE GOTTES HEUTE IN KIRCHE UND
WELT LEBEN...107
ZWEITER EXKURS: IN LIEBE AUF DEM WEG SEIN 134

DIE ZWEIFEL - UND WENN ALLES DOCH
ANDERS WÄRE?..................................146

DER TUNNEL...146
DAS GROßE VIELLEICHT..............................148
DER ALTE HIRTE....................................149
DER STURM AUF DEM MEER............................151
ZU WEM SOLLTEN WIR SONST GEHEN?..............155
EINE ZEITREISE.....................................158
DIE ZWILLINGE IM GESPRÄCH.........................160
OSTERGLAUBE – EINE ERFINDUNG DER JÜNGER?162

RUTS GLAUBE.. 164

ZUM GUTEN SCHLUSS ETWAS PERSÖNLICHES:... 165

DAS HOHELIED DER LIEBE................... **167**

DANK **169**

INHALT..**170**

Ein weiteres Buch von Günther Stein:

Wir sind nicht Herren über euren Glauben, sondern wir sind Mitarbeiter eurer Freude (2 Kor 1,24)

Erinnerungen in Freude und Dankbarkeit

Ein Priester erzählt aus seinem Leben. Er berichtet von Menschen, die ihn getragen und gehalten haben. Er erzählt von seinen Wurzeln und Prägungen, von Begegnungen und Erlebnissen von Jugend an. Er berichtet von Erfahrungen in der Seelsorge. Es ist ein in großer Dankbarkeit geschriebenes Buch.

ISBN-13: 978-1711699141

Zeitfracht Medien GmbH
Ferdinand-Jühlke-Straße 7
99095 Erfurt, Deutschland
produktsicherheit@kolibri360.de